LE VIGNOLE
DES CHARPENTIERS,

PAR M. BOURGEOIS,

Architecte,

POUR SERVIR DE SUITE AU VIGNOLE,

GRAVÉ PAR HIBON,

AVEC TRENTE-HUIT PLANCHES.

Paris,

MAISON BASSET,

MAGASIN D'ESTAMPES ET DE CARTES GÉOGRAPHIQUES.

64, rue Saint-Jacques.

VIGNOLE

DES CHARPENTIERS

CONTENANT

TOUS LES DÉTAILS DE LA CHARPENTE EN BOIS ET EN FER, ET PRÉSENTANT
LES CONSTRUCTIONS LES PLUS REMARQUABLES EN CE GENRE

PAR

M. BOURGEOIS, ARCHITECTE

38 PLANCHES, GRAND IN-4°, AVEC TEXTE

POUVANT SERVIR DE DÉVELOPPEMENT AU COURS DE DESSIN LINÉAIRE DE M. NOËL

DEUXIÈME ÉDITION

A PARIS

CHEZ E. HOCQUART, MARCHAND D'ESTAMPES ET DE CARTES GÉOGRAPHIQUES
RUE SAINT-JACQUES, 64

1839
1850

CHARPENTE

La charpente est l'art de former un ouvrage quelconque avec des pièces de bois d'une certaine dimension, réunies par des assemblages et de leur donner une disposition convenable pour rendre cet ouvrage solide et régulier.

Il faut avoir égard 1° à la qualité des bois dont on doit faire usage; 2° à la disposition des pièces de bois; 3° à leurs formes et dimensions; 4° à la manière dont elles doivent être réunies par des assemblages.

Le bois de chêne est celui qui convient le mieux aux ouvrages de charpente à cause de sa force, sa durée, la grandeur des pièces qu'il peut fournir, et la facilité de le travailler: après le chêne, on peut placer le sapin, le châtaigner, etc. La qualité la plus essentielle des bois de charpente est d'être bien secs au moment où on les emploie.

Le bois de chêne est ordinairement d'une très-bonne qualité, si sa couleur est jaune claire ou rose, si ses fibres paraissent fortes, bien filées et rapprochées les unes des autres, si les copeaux que l'on détache en le travaillant, sont liants; c'est-à-dire s'ils ne se rompent pas sèchement et ne se séparent pas par filandres.

Une pièce de bois de charpente doit être à vives arêtes, sans flâches ni aubier (1). On ne doit pas employer les bois qui ont souffert de la gelée et ceux dont les cercles concentriques ne sont pas unis et adhérents les uns aux autres parce que cela indique un arbre desséché sur pied.

On doit de même rejeter les bois tendres ou gras et surtout le bois vert: c'est-à-dire celui qui est nouvellement abattu, parce que la sève dont il est rempli, fermente, s'échauffe et le fait tomber en pourriture en moins de trois ou quatre ans: ce n'est que quatre ou cinq ans après qu'un arbre a été abattu qu'on peut le mettre en œuvre, encore faut-il avoir eu la précaution de le faire flotter dans l'eau de rivière pour faire dégorger les sucs qu'il peut contenir.

Il faut éviter d'employer les bois noueux, surtout si les nœuds pénètrent dans la pièce jusqu'à une certaine profondeur parce que ces nœuds qui tranchent le fil du bois diminuent beaucoup la force d'une pièce.

Pour bien disposer les pièces de bois d'un ouvrage de charpente, il faut les placer de manière à s'entretenir mutuellement et à ne former qu'un seul tout, capable de résister fortement à tous les efforts et mouvements que l'ouvrage entier peut avoir à soutenir.

On doit distinguer dans les pièces de bois deux formes différentes: celle de leur base et celle qu'elles ont dans leur ensemble.

Les pièces de bois qui ont leur base circulaire, sont les plus fortes, surtout si les couches ligneuses et concentriques sont conservées; ainsi pour un point d'appui isolé, ce sera la forme qu'on devra lui donner préférablement à tout autre.

Pour tous les bois posés debout et d'aplomb qui doivent servir de point d'appui, il faut préférer la forme carrée par la base parce que c'est après le cercle, celle qui, à superficie égale, conserve le plus de force aux pièces de bois, surtout lorsque c'est du bois de brin qui est le bois équarri et non refendu du tronc ou d'une branche de l'arbre, en sorte que le cœur est au centre de la pièce.

Lorsque la portée d'une pièce de bois excède douze fois la diagonale du carré de sa base, il est à craindre qu'elle ne plie sous le fardeau.

Lorsqu'une pièce de bois doit être posée de niveau, et qu'elle ne doit être soutenue que par ses deux extrémités, comme une poutre ou une solive, il faut que le plan de sa base soit formé par un rectangle dont la dimension soit environ la moitié de sa hauteur, comme deux est à un: ainsi une poutre à laquelle on donnerait 16 pouces de largeur, devrait avoir 8 pouces d'épaisseur.

Si la pièce, au lieu d'être couchée de niveau était inclinée de 45 degrés, les côtés du rectangle qui forment sa grosseur pourraient être comme trois est à deux; ainsi toute pièce de bois dont la base est rectangulaire si elle n'est pas d'aplomb, doit être posée sur son fort ou de champ; c'est-à-dire de manière que la face la plus étroite soit en dessous.

Pour la manière dont les pièces de bois doivent être réunies par des assemblages, voir les planches de ce recueil qui traitent de ceux les plus utiles dans la charpente ainsi que celle où on a rassemblé les gros fers employés pour entretenir et corroborer ces mêmes assemblages.

Le bois de chêne ainsi que celui de tous les autres arbres, varie de pesanteur, de dureté, de densité, selon la nature du climat et du terrain où il a crû. Les arbres qui croissent le plus lentement, ont toujours le bois le plus dur, le plus pesant et le plus compact; par conséquent le plus fort. On ne distingue pas d'aubier dans les arbres mous, tels que le tilleul, le bouleau, l'aulne, etc. Ou plutôt le bois de ces arbres, n'est qu'un aubier qui n'acquiert jamais la dureté du bois; parce que la substance ligneuse reste toujours dans son premier état sans jamais se durcir, c'est pour cela qu'ils sont sujets à être rongés par les insectes qui s'y logent et s'en nourrissent.

Des expériences faites sur la force des bois de chêne, il résulte qu'elle est proportionnelle, c'est-à-dire que de deux solives de même bois et de mêmes dimensions, la plus pesante sera la plus forte.

Lorsqu'il s'agit de choisir une pièce forte, il faut la tirer de la partie inférieure de l'arbre, parce que le bois est plus pesant dans cette partie que dans celle du milieu et dans celle-ci il pèse plus que dans celle du haut de l'arbre et des branches.

Pour que ce bois soit propre à être employé en charpente, il faut qu'il ne pèse que 60 à 65 livres le pied cube. Le plus grand degré de dessèchement que ce bois puisse acquérir, est du tiers de son poids, de sorte que la moindre pesanteur du pied cube de bois de chêne parfaitement desséché est de 50 à 53 livres.

Lorsqu'il est trop sec il devient cassant, et beaucoup moins fort que le bois nouvellement coupé. Celui-ci a plus de force, mais il pliera sous une moindre charge, sera de peu de durée et se pourrira facilement, employé dans la charpente. Celui qui est moyennement sec est le meilleur il devra peser comme nous l'avons déjà dit de 60 à 65 livres le pied cube.

Dans les ouvrages de charpente, les bois agissent tantôt par leur force absolue; tantôt par leur force relative. On entend par force absolue l'effort qu'il faut pour rompre un morceau de bois en le tirant par les deux bouts selon la longueur de ses fibres. La force relative du bois dépend de sa position: ainsi une pièce de bois posée horizontalement sur deux appuis se rompra plus facilement et sous un moindre effort que si elle était inclinée ou debout. L'effort sera d'autant moins grand que ces pièces seront plus longues. L'effort décroit aussi presque en raison inverse de leur longueur; ainsi une pièce de 6 pouces d'épaisseur et de 8 pieds de long, porte un peu plus du double d'une autre de 16 pieds de long de même grosseur et posée de même.

La force absolue du bois ne dépend que de sa grosseur. Il faudrait un effort égal pour rompre deux morceaux de bois de même grosseur en les tirant par les deux bouts, selon la longueur de leurs fibres, quoiqu'ils fussent d'une longueur inégale.

Voici le résultat de quelques expériences sur la force absolue du bois de chêne sec pesant 61 livres le pied cube.

Une petite tringle d'une ligne en carré sur deux pouces de long étant tirée par les deux bouts s'est rompue sous un poids de . . . . 107 livres.

Une autre de même dimension, sous un poids de 98

Une autre . . . . . . idem. . . . . 102 ce qui donne pour force moyenne entre ces trois expériences 102 $\frac{1}{3}$.

Trois autres tringles du même bois chacune de trois lignes en carré, c'est-à-dire, neuf lignes de superficie de base sur huit pouces de long se sont rompues, la première sous un poids de 934

La seconde. 908

La troisième 915

Total 2757 livres qui donne 919 livres pour poids moyen et 103 $\frac{1}{2}$ pour celui qu'aurait pu supporter une tringle de même longueur, sur une ligne de superficie.

Il résulte de plusieurs expériences semblables, que la force absolue du bois de chêne est d'environ 102 livres par ligne superficielle de sa grosseur.

La force des bois posés debout qui supportent un fardeau n'est pas seulement proportionnelle, à leur grosseur, mais encore à leur hauteur; en sorte qu'une pièce de 6 pieds de haut sur 6 pouces en carré, supportera beaucoup plus qu'une autre de même grosseur qui aurait 12 pieds de haut. La raison selon laquelle cette force décroît, est presque la même que celle des bois posés horizontalement sur deux appuis.

Une tringle de bois de chêne d'un pied de haut sur 6 lignes en carré, c'est-à-dire trente-six lignes de superficie de base, posée d'aplomb selon la direction de ses fibres a porté avant de se rompre. . . . . 230 livres.

Une autre id. 225

Une autre id. 232

Ce qui donne pour poids moyen. 228 1/3

Une autre tringle de même grosseur et posée de même, qui avait 2 pieds de haut s'est rompue sous un poids de. . . . . 115 livres.

Une seconde. 118

Une troisième. 121

(1) Aubier est le nom qu'on donne aux dernières couches blanches qui se sont formées dans un chêne et qui n'ont pas encore acquis toute leur solidité.

Trois autres tringles de même grosseur et de trois pieds de haut, posée de même, se sont rompues, savoir : la première sous un poids de... 70 livres.
La seconde 74
La troisième 69 1/2
Ce qui donne pour poids moyen... 72 1/2

En cherchant, par le calcul, la proportion selon laquelle la force des bois décroît en raison de leur hauteur, on a trouvé que, dans les bois carrés, cette force était en raison inverse de la diagonale du rectangle qui forme la base comparée à la hauteur. Ainsi, la force absolue du bois de chêne ayant été trouvée de 102 livres pour chaque ligne superficielle; si on multiplie cette force par le nombre des lignes que contiennent les tringles des expériences précédentes, c'est-à-dire par 36, on aura la force absolue de ces tringles 3672. Si on divise cette somme par le nombre de fois que la diagonale est contenue dans les hauteurs des tringles éprouvées, on trouvera que cette diagonale, étant de huit lignes et demie, elle sera contenue dix-sept fois dans les tringles d'un pied de haut; ainsi, divisant 3672 par 17, on trouvera 216 pour le poids moyen que ces tringles auraient dû porter au lieu de 228 1/3, ce qui ne s'éloigne pas beaucoup de ce que donne l'expérience.

On trouvera que dans les tringles de 2 pieds de haut, la diagonale de la base était contenue 34 fois. Ainsi, divisant 3672 par 34, on aura 108 pour le poids moyen qu'auraient dû porter les tringles de deux pieds de haut, au lieu de 118 que donne l'expérience.

Par rapport aux tringles de trois pieds, on trouvera que la diagonale est contenue presque cinquante et une fois. Ainsi, en divisant 3672 par 51, on trouvera 71 livres pour le poids moyen qu'auraient dû porter ces tringles, au lieu de 72 1/2.

D'après l'expérience, si l'on veut connaître la force d'un poteau de 6 pouces d'épaisseur sur 12 pieds de long, en multipliant 102 par 144, on trouvera que la force absolue d'une tringle carrée d'un pouce de base serait de 14,688. Ainsi, en multipliant cette quantité par le nombre des pouces de la base, qui est 36, on aura 528,768 qui, divisés par 17 ou le nombre de fois que la diagonale du carré de la base est contenue dans la hauteur, donneront 31,104; mais comme on a observé que les bois trop chargés rompaient au bout d'un certain temps, il ne faut jamais confier à une pièce de bois plus du tiers de la charge qui la ferait rompre; d'où il résulte qu'un poteau de 12 pieds de long sur 6 pouces de grosseur, posé debout et d'aplomb, peut porter sans risque jusqu'à 10 milliers.

Les bois posés horizontalement sur deux appuis, n'ont pas, à grosseur égale, la moitié de la force des bois d'aplomb. Ainsi, une tringle en bois de chêne de 6 lignes en carré et de 3 pieds de long, posée sur deux appuis, a porté dans son milieu, avant de se rompre. .... 26 livres.
Une autre. 28
Une autre. 27
Ce qui donne 27 livres pour poids moyen.

D'après les expériences faites par MM. Parent, Bélidor et de Buffon, il paraît que la force des bois de même grosseur, posés sur deux appuis, est à peu près en raison inverse de leur longueur.

Pour trouver le rapport de la force absolue du bois de chêne à celle qu'il a pour soutenir un poids, posé horizontalement sur deux appuis, il faut multiplier la surface d'une pièce de bois par la moitié de sa force absolue et diviser le produit par le nombre de fois que son épaisseur verticale est contenue dans sa longueur; on aura, à très-peu de chose près, la force relative de cette pièce de bois. Ainsi, la superficie de sa grosseur étant de 36 lignes, si on la multiplie par 51, moitié de la force absolue pour une ligne, on aura 1836, qu'on divisera par 72 qui indique le nombre de fois que l'épaisseur verticale de la tringle est contenue dans sa longueur, ce qui donnera 25 livres 1/2, au lieu de 27 que donne l'expérience.

Comme dans les ouvrages de charpente une pièce de bois ne doit jamais porter plus du tiers du poids qu'il faudrait pour la rompre, on peut suivre ces calculs à la rigueur. Il suffira d'une seule expérience pour chaque nature de bois afin de connaître leur force absolue.

FIN DES NOTIONS SUR LA CHARPENTE.

EXPLICATION DES PLANCHES

CHARPENTE

ASSEMBLAGES.

Planche I. 1. Assemblage ordinaire à tenons et mortaise a. Cheville, passant dans le tenon et la mortaise.
2. Assemblage à paume, de deux pièces placées b ut à bout, et entaillées à moitié de leur épaisseur. On l'emploie pour pannes et sablières.
3. Assemblage à mors d'âne pour une solive en empanon.
4. Bout d'une pièce portant assemblage à paume grasse B. Entaille dans l'autre pièce pour recevoir la paume (C).
5. Assemblage à paume biaisé avec sa clef D.
6. Traits de Jupiter pour tirants de ferme.
7. Pièces entées en bec de flûte.
Pl. II. 1. Assemblage à tenons et mortaises avec son renfort A.
2. Tenon et mortaise à mors d'âne. B cheville.
3. Assemblage à paume à repos pour revêtir en sous œuvre un chevêtre sur une solive.
4. Assemblage à double tenon et mortaise. C Cheville.
5. Assemblage à queue d'aronde ordinaire pour les plate-formes
6. id. id. double à recouvrement.
7. id. id. perdue.
Pl. III. 1. Poutre en deux pièces réunies par des boulons.
2. Poutre formée par quatre morceaux moisés.
3. Pièces entées en teuaille avec boulons.
4. Poutre composée de pièces moisées et liées par des clefs.
5. Pièces accolées avec pas et redans.
Pl. IV. 1. Poitrail refendu armé d'une fermette et uni de boulons. A, Coupe indiquant l'entaille pour recevoir la fermette.
2. Poitrail refendu avec fermette à trois branches. B. Coupe.
3. Poutre armée, composée de deux arbalétriers C, qui se réunissent à un poinçon D. Ces arbalétriers s'ajustent avec la poutre en forme de craus p our s'arc-bouter avec plus de force et soutenir le milieu au moyen d'un étrier arrêté au poinçon.
4. Poutre armée, formée de deux arbalétriers, plus courts que ceux de la figure précédente, qui se réunissent à une pièce horizontale E avec deux poinçons et des étriers pour soulager la poutre. Les arbalétriers sont entaillés de leur épaisseur dans la poutre et liés avec elle par des boulons et liens de fer.
5. Poutre armée formée de deux arbalétriers entaillés en forme de pas ou crans dans la poutre, se réunissant à un poinçon soutenu par une plate forme F, portant sur la poutre.
Pl. V. 1. Tête de poinçon assemblé à tenon et épaulement.
2. Assemblage à tenon et embrèvement (sous arbalétrier et entrait).
3. Chevrons assemblés en enfourchement ou mâles et femelles.
4. Assemblage d'arbalétrier sur entrait à tenon et mortaise avec épaulement.
5. Pas de chevron avec une sablière de couronnement.
6. Chevrons en empanon assemblés dans l'arêtier.
7. Assemblage par embrèvement d'une paume brisée sur une jambe de force.
8. Assemblage d'une jeune paume brisée sur l'arbalétrier.
Pl. VI. Plan d'un plancher composé de trois travées avec enchevêtrures, chevêtres, faux chevêtres et assemblage de bandes de trémie, palier de l'escalier et cerces pour le pan de bois circulaire.
1. Solives d'enchevêtrures. 2. Chevêtres. 3. Faux chevêtres. 4. Bandes de trémie et harpons pour retenir les enchevêtrures dans les murs. 5. Solives de remplissage. 6. marche palière ou d'arrivée. 7. Cerces pour le pan de bois circulaire.
Pl. VII. Plancher semblable au précédent, seulement à cause de la grande portée des solives, on a ajouté entre chacunes d'elles des taseaux 1*, pour les roidir et empêcher le balottement.
Pl. VIII. Plan d'un plancher composé de poutrelles de petite dimension qui s'assemblent alternativement dans un grand encadrement formé par les lambourdes posées le long des murs et sur le milieu d'autres poutrelles à entailles, à moitié bois, ou à tenons et mortaises. Ces poutrelles sont réunies au-dessus par des plates-bandes en fer, entaillées de leur épaisseur, et recouvertes d'un double rang de planches jointes à rainures et languettes, posées en liaison clouées sur elles, et d'un second rang ou travers des premières et clouées dessus. 1, poutrelles; 2, lambourdes formant l'encadrement; 3, plates-bandes de fer; 4, premier rang de planches; 5, deuxième rang de planches formant le parquet.
Pl. IX. Plan d'un plancher et parquet, formé par des poutrelles et des solives de remplissage, portant sur des lambourdes fixées, par des étriers en fer, aux solives

ayant la plus grande longueur. 1, lambourdes fixées par des étriers; 2, aux pièces de plus grande longueur ; 3, plate-bande en fer.

Pl. X. Pan de bois composé d'une sablière haute,1, d'une sablière basse, 2; d'une sablière de chambrée, 3; de poteaux, 4; tournisses, 6; linteaux, 7; potelets, 8; décharges, 5 ; plate-bande, 9 ; en fer pour empêcher l'écartement et harpons, 9 ;pour retenir les enchevêtrures.

Pl. XI. Plan et coupe d'un escalier avec limons pleins et quartiers tournants. 1 , détails de marches d'un escalier sans limon avec les boulons d'assemblage.

Pl. XII. Détails d'étais pour des arcades et des croisées en plate-bande. 1 , entrait; 2, poteaux ; 3 , décharges ; 4 , poinçons et liens ; 5 , couches; 6 , couchis.

Pl. XIII. Plan et élévation d'un échafaud à trois étages, composé de : 1, poteaux; 2, sablières en couches ; 3, liens ; 4, contre-fiches ; 5 , soliveaux portant le plancher; 6 , madriers formant le plancher. Les poteaux montans s'assemblent dans la sablière basse ou couche; les liens déchargent les sablières sur lesquelles reposent les planchers , et les contre-fiches et moises en augmentent la solidité.

Pl. XIV. Élévations de deux combles; le premier composé d'un grand entrait sur lequel s'assemblent les deux arbalétriers et sous-arbalétriers; deux corbeaux placés sous l'entrait pour les renforcer. 1, entrait; 2, arbalétriers ; 3, sous-arbalétriers; 4 , poinçons ; 5 , liens ou goussets ; 6, pannes ; 7 , corbeaux.

Le deuxième comble, brisé en deux parties sur la hauteur, composé comme le précédent; de plus , une panne de brisis qui reçoit les deux volées de chevrons, une jambe de force et un lien pour décharger l'entrait t.

1 , panne de brisis; 2, jambe de force; 3 , liens ; 4 , plate-forme qui reçoit *les pas de chevrons*. Planche V, fig. 3.

Pl. XV. Comble brisé avec l'assemblage des lucarnes. Le plan des différentes pièces dont est composé ce comble. 1 , panne de brisis dans laquelle s'assemblent les jouées des lucarnes, 2 , blochet qui s'assemble sur la plate-forme et dans la jambe de force; 3 , chapeau de la lucarne ; 4, poteaux de la lucarne.

Pl. XVI. fig. 1, Ferme du comble de Sainte-Sabine, à Rome.

1, conte-fiches s'assemblant dans le poinçon 2 et contrebutant les sous arbalétriers 3 , qui doublent les arbalétriers au deux tiers environ ; le milieu de l'entrait est soutenu par un étrier en fer 4 fixé au Poinçon; les extrémités de cet entrait sont fortifiées par la portée des corbeaux en bois 5 qui, doublent les bouts de l'entrait sont réunis aux arbalétriers et à l'entrait par des liens de fer inclinés 6.

Fig. 2. Ferme du comble de Saint-Miniato, à Florence.

1, pièce servant de sous-entrait pour supporter la portée de l'entrait, 2 , consoles de bois ornées qui , tout en soulageant la portée des entraits, sous-entraits, pannes et faîtages , concourent à décorer cette charpente apparente dans ce monument.

Pl. XVII. fig. 1. Ferme du comble du théâtre d'Argentine, à Rome, composée d'arbalétriers assemblés par le haut dans un petit poinçon sans contre-fiches; mais garnis de plate-bandes de fer 1 qui peuvent en tenir lieu ; par le bas, il sont retenus par un grand entrait formé de trois pièces assemblées à trait de Jupiter, avec clefs de bois 2, et boulons de fer 3 , avec lequel ils sont reliés par des liens de fer 4; les arbalétriers sont soulagés par des sous-arbalétriers assemblés dans deux faux poinçons 5 , dans lesquels s'assemble un faux entrait 6 ; ces faux poinçons soulagent aussi la portée d'un grand entrait, par le moyen d'étriers de fer 7. Legrand et le faux entrait se maintiennent encore par deux étriers de fer 7-7 serrés par des clefs de bois 2-2.

Fig. 2. Ferme de la basilisique de Saint-Paul , hors les murs de Rome ; dont le grand poinçon est soutenu par un bras de refend. Les arbalétriers sont soutenus, jusqu'à leur moitié environ, par deux espèces de petites fermes, dont un chris arbalétriers vient s'assembler dans l'entrait, un pied du grand poinçon; l'autre moitié des arbalétriers, au-dessus de la petite ferme, est soutenue par de faux arbalétriers qui s'assemblent, ainsi que les vrais, dans le grand poinçon, fortifié par des liens. Les faux poinçons sont réunis, par des étriers de fer, à une espèce de sous-entrait 1.

Pl. XVIII. Fig. 1 Comble de la salle du grand théâtre à Turin.
Fig. 2. Comble de la basilique de Sainte-Marie-Majeure, à Rome.
Fig. 3 Coupe prise auprès d'un faux poinçon a.
Fig. 4. Coupe sur la largeur d'une ferme.
Fig. 5. Plan d'un entrait composé de deux pièces.

Pl. XIX. Charpente du comble et plancher des magasins de la Manutention des vivres militaires (Paris).
Fig. 1. Ensemble du comble et plancher.
Fig. 2 et 2 bis. Projection verticale et horizontale d'une poutre du plancher, avec son système d'armure formée de deux arbalétriers , c , s'assemblant dans un poinçon refendu a, et qu'on presse entre les arbalétriers , au moyen d'un coin b, afin de donner le plus de roideur possible à la dite poutre.

Pl. XX Détail d'un comble à la Philibert de Lorme, composé de fermes en planches Assemblées à mi-bois, dans l'épaisseur, et retenues entre elles par des moises assemblées aussi à mi bois.
1. Détail de ferme.
2. Moises ou liernes pour retenir l'écartement.
3. Plate-forme qui reçoit le pied des fermes.
4. Plan de l'enrayure.

Pl. XXI Détail d'un comble avec modification de celui de la planche précédente ; celui-ci se compose de planches refendues qui forment deux courbes assemblées à trait de Jupiter, réunies par des liernes et entre-toises; de fausses courbes, divisant l'espace formé par les liernes et poinçons et courbes, soutiennent le latis extérieur et intérieur.

1. Détail de l'assemblage des courbes, liernes et entre toises.
2. Plan d'une moitié de comble.

Pl. XXII. Comble en charpente, suivant le système du colonel Emy.

Ce système a été employé pour couvrir un hangard à Marac et un manège à Libourne.

Ces cintres n'exercent aucune poussée sur les murs.

Fig. 1 *Ensemble du système*; le grand cintre, dont la figure 3 donne le détail , est formé de plusieurs madriers supperposés et courbés sur leur plat; pour le construire, après avoir battu et nivelé le sol, on maintient , par de forts piquets , plusieurs racinaux dirigés au centre de l'arc, et sur lesquels on cloue un plancher assez étendu pour recevoir l'épure : puis , sur ce plancher, on établit un gabarit formé de madriers en bois de chêne , assemblés avec des boulons, et que l'on attache par de grosses vis sur des poutrelles préalablement dégauchies entre elles et de niveau.

Ce gabarit sert à courber peu à peu, mais ensemble, les madriers dont se composent les arcs en y appliquant par des sergents en fer. (figure 7).

Les madriers étant parvenus à un contact parfait avec le gabarit sur un développement de deux ou trois mètres : on substitue aux sergents des liens en fer (fig. 8), ou bien par des liens en bois assujettis avec des coins doubles (fig. 9) ; les liens en fer sont garnis de deux petites pointes qui s'engagent dans les madriers , s'opposent au glissement de ces lieux formant étriers.

Fig. 2. Coupe longitudinale de la partie supérieure du comble.
Fig. 3. Détail des cintres à leur naissance.

Les madriers , formant ces cintres, sont reliés par des moises à un poteau montant, de sorte que cet assemblage de tout le système vient se reposer sur trois semelles jointives et boulonnées entre elles (fig. 5).

Les fermes sont espacées de 3 mètres, d'axe en axe, et reliées entre elles aux points A , A , A , (fig. 1) , par trois cours de moises.

Fig. 4. Vue de face du détail de la fig. 3.
Fig. 6. coupe suivant A B de la fig 3.

Pl. XXIII. Fig. 1. Partie d'un comble couvert en tuiles; a , chevrons.
Fig. 2 profil d'un égout simple avec chaineau c.
Fig. 3. profil d'un égout retroussé , composé de trois tuiles , dont une fait partie du comble ; d, massif en plâtre pour sceller les tuiles nommées pièces, et donner le devers ; c , coyau; f, chevrons ; g, chanlatte.
Fig. 4. Profil d'un égout pendant; h , chanlatte ; i , sablière sur laquelle est cloué le chevron.
Fig. 5 Partie d'un comble couvert en ardoises; j , chevrons; k , voliges sur lesquelles sont clouées les ardoises ; 1.
Fig. 6. profil d'un égout retroussé, composé de deux tuiles et d'une ardoise faisant partie du comble

Pl. XXIV. plan et élévation d'un pont en bois de Palladio ; ce pont est divisé dans sa longueur en trois travées séparées par des piles formées d'une seule file de pieux , avec avant et arrière-bec.

Ces pieux sont recouverts , par le bas, avec des madriers, par le haut, entretenus par deux rangs de moises. Au-dessus et à plomb de chaque pieu , sont posées de grandes poutres qui vont d'une pile à l'autre: ces pièces sont soutenues par des liens qui buttent une seconde pièce qui double les poutres au milieu.

Pl. XXV. Plan et élévation d'un autre pont en bois de Palladio ; ce pont est divisé dans sa longueur en six travées égales, par cinq poutrelles 1 , qui portent les solives placées selon la longueur pour former le plancher de ce pont. De petites fermes 2 , maintiennent l'écartement des poinçons ou poutrelles 5 , et forment la hauteur du parapet, des étriers en fer relient les poutrelles aux poinçons et forment un ensemble très-solide.

Plan du pont avec la disposition des sablières, poutrelles et solives qui reçoivent les madriers.

Pl. XXVI. plan et coupe d'une voûte d'arête plein cintre en charpente. Pour former cette voûte , on commence par les cintres des diagonales AC , BD , qui forment les angles saillans : on peut raccorder ces cintres par des pièces droites ou courbes.

On place contre les murs des courbes formant le cintre des lunettes, dans lesquelles s'assemble un des bouts des pièces droites C, C, et l'autre dans les cintres en diagonale.

Lorsqu'on veut raccorder les cintres en diagonale par des pièces courbes D D, on les pose parallèlement aux cintres des lunettes, placées contre les murs, dont les courbes DD sont déterminées par des perpendiculaires tirées des points où elles doivent rencontrer les diagonales , dans lesquelles elles s'assemblent par leurs bouts.

RONDELET.

Pl. XXVII. l'lan et coupe d'une voûte en arc de cloture plein cintre en charpente. Pour former cette voûte , on commence comme pour la précédente , par les cintres des diagonales AC, BD , qui forment les angles rentrants : on peut aussi raccorder ces cintres par des pièces droites ou courbes. Ces pièces droites cc, se posent parallèlement aux côtés et s'assemblent des deux bouts dans les cintres en diagonale. Les courbes sont des parties de celles qui se croisent au milieu ; ces courbes s'assemblent par le bas dans une sablière droite AB placée le long de chaque mur, à la hauteur de la naissance et par le haut dans les cintres en diagonale.

Les intervales entre les pièces courbes ou droites sont réunis ordinairement dans les voûtes d'arrête et en arc de cloître , par un lattis recouvert d'un enduit de plâtre, de chaux ou de stuc et quelquefois par des panneaux de menuiserie formant avec les courbes et les traverses des compartiments convenables au développement de la voûte.

Pl. XXVIII. Plan et coupe d'une voûte plein cintre à double courbure érigée sur un plan circulaire. Elle se compose de courbes A qui tendent au centre B, assemblées par le bas dans une sablière C posée au droit de la naissance, et par le haut dans des liernes ou entretoises D posées à différentes hauteurs, à la réserve de quatre fermes principales E qui se croisent ou s'assemblent dans un petit poinçon F : comme ces courbes relativement à la circonférence de la voûte ont peu d'épaisseur, on peut se dispenser de creuser leur face ainsi que celles des liernes, d'autant plus qu'elles ne sont faites que pour recevoir le lattis pour l'enduit qui doit former la superficie intérieure de la voûte ; la même opération peut se répéter pour toutes les voûtes construites sur des plans circulaires ou elliptiques, quelle que soit la courbure de leurs cintres.

Pl. XXIX. Plan et coupe d'une voûte en charpente composée de voussures ayant de hauteur de cintre un quart de cercle avec un plafond rectangulaire au milieu. Ce genre de voûtes comme on en voit dans plusieurs monuments, entre autres au Louvre, convient parfaitement dans les grandes salles pour soulager la trop grande portée des poutres ou des solives d'un plancher.

Cette voûte se compose de courbes A qui s'assemblent par le bas dans une sablière B, posée au droit de la naissance, et par le haut dans une poutre C formant le contour du plafond et dans laquelle s'assemblent les solives de remplissage. De distance en distance on a placé d'autres poutres armées D pour maintenir l'écartement et former les arêtes; ces courbes et ces poutres sont assemblées dans des liernes E qui les retiennent entre elles.

ÉTAIEMENTS.

Pl. XXX. Cette planche indique la manière d'étayer un mur de face pour soutenir deux trumeaux séparés par une croisée au-dessous de laquelle on veut faire, à rez-de-chaussée, une grande ouverture soit de porte-cochère, soit de boutique. Cette manière consiste à étrésillonner les croisées de l'étage au-dessus, en mettant des plates-formes A ou couches debout le long des jambages avec des étrésillons B, en travers, inclinés alternativement en sens contraires pour contrebuter les trumeaux entre ces baies, comme l'indique la fig. 1, de plus, après avoir placé deux étais appelés chevalements sous les deux trumeaux du premier étage, on passe le poitrail C, qui doit former le linteau de l'ouverture, sur les deux jambages que l'on a construits à la hauteur convenable pour le recevoir.

Les deux chevalements, sont composés de pièces de bois nommées étais, D, inclinées en sens contraires et qui soutiennent une autre forte pièce de bois E, nommée chapeau qui traverse le mur ; les étais inclinés qui forment les pieds de ces chevalements, sont arrêtés par le bas dans des couches F, avec des coins fixés par des clous pour faire poser les étais dans toute leur épaisseur, et par le haut dans le chapeau au moyen d'entailles dans la partie supérieure de ces étais.

La figure 2, représente un des chevalements en profil.

La figure 3, indique l'étayement intérieur pour soutenir un plancher, composé de cinq pièces. G étai. H couche haute. J couche basse ou couchis.

La figure 4, donne la manière ordinaire d'étayer un mur de refend K, contrefiche, L, couche basse ; M, mur de face ; N, mur de refend en coupe.

La figure 5 donne la manière d'étayer une tranchée pour en soutenir les terres, O étrésillons. P, couches debout. 2 couchis.

FIN DE LA CHARPENTE.

GROS FERS.

Pl. XXXI Cette planche donne les ouvrages connus sous le nom de gros fer de bâtiment. A, chaîne à moufle en fer carré, servant à tenir l'écartement de deux murs parallèles. 1, Moufle. 2, coins ou serres pour roidir la chaîne. 3, œil à l'extrémité de la chaîne pour le passage de l'ancre. 4, ancre à talon. , 5 , ancre ordinaire.

B, chaîne à trait de Jupiter en fer plat pour le même usage que la précédente.

C, la même chaîne, vue sur l'épaisseur du fer. 6, assemblage à trait de Jupiter, 7, serres, 8, liens. 9 ; ancre passé dans l'œil de la chaîne.

D, demi-chaîne ou tirant portant œil d'un bout pour le passage de l'ancre, et talon de l'autre, fixé avec clous sur un solive d'enchevêtrure ou autre pièce de charpente.

E, plate-bande ordinaire servant à consolider en sens horizontal l'assemblage de deux pièces de charpente.

F, harpon à boulon, et écrou d'un bout, et talon de l'autre pour être placé sur sablière de pan de bois, ou poter servir de tirant à un entrait.

G, harpon ordinaire portant crochet du'n bout et talon de l'autre, pour être fixé sur une pièce de charpente.

H, queue de carpe à patte et à scellement, fixée sur les pans de bois.

I, chaînon avec scellement d'un bout et talon de l'autre, servant à soutenir des pièces de charpente.

K, barre de fer plat, pour supporter les âtres de cheminées que l'on nomme bande de trémie.

L, chevêtre en fer carré pour le même usage que les bandes de trémie ou pour recevoir des abouts de solives, placé dans le sens opposé de ces solives.

M, barre de languette cintrée servant à soutenir un arc en briques au-dessus d'un manteau de cheminée.

N, étrier avec plate-bande, les branches portant filets de boulons et leurs écrous. 10 ; plate-bande. 11, écrous.

O, barre de fer carrée que l'on place entre les jambages et le tuyau de cheminée pour le soutenir, que l'on nomme manteau.

P, plate-bande en équerre, coudée sur champ ; servant à lier deux pièces de charpente assemblées en retour d'équerre.

Q, la même plate-bande vue sur le plat.

R, étrier ordinaire vu de face, servant à consolider en sens perpendiculaire l'assemblage de deux pièces de charpente tel que celui d'un chevêtre dans une solive d'enchevêtrure.

S, le même étrier vu de profil.

T, queue de carpe à deux scellements servant à supporter la masse des entablements ou maçonnerie sous les égouts.

U, étrier à boulon pour lier un poinçon avec l'entrait.

V, branche du même étrier vu sur le plat.

FIN DES GROS FERS.

CHARPENTE EN FER

Pl. XXXII. Figure 1, armature ou ferme pour un plancher en briques creuses ou poteries. Cette ferme est composée de deux barres dont une A, courbée en arc est retenue par l'autre B, qui forme la corde de cet arc. Cette armature est entretenue dans sa longueur par sept brides C, ou petites moises qui la divisent en huit parties égales : comme ces deux barres pourraient se rapprocher on a placé entre elles au milieu de chaque bride des petits potelets de fer qui empêchent le second effet. Ces armatures sont reliées entre elles par huit rangs d'entretoise D. Au-dessus de chaque armature on a placé un tiran E de fer plat qui s'accroche ainsi que la barre droite de l'armature dans un même ancre placé à l'extrémité du mur.

Figure 2. Plan de deux armatures ou fermes reliées entre-elles par les entre-toises D.

Figure 3. Indication du petit potelet.

Fig. 4. Détail de l'assemblage de la barre courbe avec la droite.

Fig. 5. Détail de la moise pour suppléer aux brides.

Fig. 6. Combinaison d'un comble en fer qui n'aurait pas une grande charge à porter.

Pl. XXXIII Comble en fer de la Magdeleine.

Pl. XXXIV. Comble en fer du marché neuf de la Magdeleine.

Pl. XXXV. Comble en fer de la boulangerie de la manutention des vivres militaires.

Pl. XXXVI. Pont suspendu en fil de fer. — Bry-sur-Marne.

Pl. XXXVII. Pont en fil de fer. — Bry-sur-Marne.

Pl. XXXVIII. Pont du Carrousel.

Pl. XXXIII. Charpente en fer de l'église de la Magdeleine (Paris).
Fig. 1. Ensemble de l'une des fermes; aux points a a a... sont des liernes, reliant les fermes entre elles et soutenant le grillage sur lequel portent les feuilles de cuivre formant la couverture.
Fig. 2. Détail de la rencontre de plusieurs pièces au point M de la fig. 1. C'est l'assemblage de l'arbalétrier avec le tirant vertical b, le grand arc de cercle e, le second entrait c, et la contre-fiche d.
Fig. 3. Détail de l'assemblage du poinçon f, avec les deux arbalétriers, le faîtage g, le grand arc de cercle e, les deux contre-fiches d d, le second entrait c, et le premier entrait h.
Fig. 4. Détail de la rencontre de plusieurs pièces au point N de la fig. 1. C'est l'assemblage de l'arbalétrier avec le tirant vertical b', le grand arc de cercle e', le second entrait c, et le premier entrait h.
Fig. 5. Assemblage du pied de l'arbalétrier avec le premier entrait h. (Voyez au point o de la fig. 1.)
Fig. 6. Montant vertical S, incrusté dans le mur, emboîtant l'arbalétrier et le premier entrait h, et recevant l'about du grand arc e au point t.

Pl. XXXIV. Charpente en fer du marché Neuf de la Magdeleine (Paris).
Fig. 1. Ensemble de l'une des fermes de la grande partie du milieu du marché.
Fig. 2. Détail de la rencontre de plusieurs pièces au point M de la figure 1. L'arbalétrier A est reçu dans une espèce de sabot en fonte A', où vient s'assembler, au moyen d'un boulon, l'entrait B. Dans la mortaise b s'ajuste la travée en fer, d'une colonne C à une autre.
Fig. 3. Détail de la rencontre de plusieurs pièces au point N de la fig. 1. C'est l'assemblage de l'arbalétrier A avec le tirant vertical a et la contre-fiche b.
Fig. 4. Détail de la rencontre de plusieurs pièces au point O de la figure 1. C'est l'assemblage du poinçon D avec les contre-fiches bb; et l'entrait B.
Fig. 5. Assemblage de l'un des tirants verticaux a avec l'entrait B. (Voir le point P, figure 1).

Pl. XXXV. Comble en fer et plancher en fer et poterie de la boulangerie (manutention des vivres militaires). Paris.
Fig. 1. Ensemble du comble, du plancher du grand bâtiment, et du comble du petit bâtiment en adossement au grand.
Fig. 2. Projection verticale et horizontale du faîte faisant voir l'assemblage des arbalétriers circulaires a avec la pièce de faîtage b b et le poinçon C.
Fig. 3. Assemblage de l'arbalétrier circulaire a avec l'entrait retroussé d. (Voir le point M, fig. 1.)
Fig. 4. Assemblage du poinçon C avec les différentes pièces formant le plancher. (Voir le point N, fig. 1.)

Pl. XXXVI Pont suspendu de Bry-sur-Marne.
La suspension est formée de dix câbles paraboliques et de 126 cordes pendantes; ces câbles sont soutenus par 4 supports en fonte, mobiles, posés tangentiellement et sans encastrement sur la surface supérieure d'un coussinet également en fonte. (Voir fig. 1, planche 37, et pour les détails, fig. 1 et 2, pl. 38.)
Cinq de ces câbles se trouvent sur la tête d'amont et cinq sur la tête d'aval du pont.
Le milieu de la distance entre les culées ils sont placées suivant une même verticale, et deviennent, avec les cordes pendantes; les directrices et les génératrices d'une suite de surfaces gauches.
Au sommet des supports et sur les chevalets mobiles en fonte qui se trouvent à l'entrée des puits d'attache, ces câbles sont disposés à côté les uns des autres, suivant une surface horizontale (voir figures 2 et 7). Chaque câble pèse environ 800 kilogrammes.
Que les supports verticaux soient mobiles ou non, il faut toujours que la tension, occasionnée par une augmentation de charge sur le tablier, puisse se transmettre également aux câbles de suspension et aux câbles de retenue.
Fig. 2. Coupe d'une culée et de l'un des puits d'attache.
Fig. 3. Tirants doubles, en fer forgé, traversant tout le massif de maçonnerie (voir fig. 2), pour aller s'accrocher à des ancres en fonte (fig. 6).

Ces tirans sont munis à leurs deux extrémités d'une lumière, afin de pouvoir passer les boulons de fer taillés en biseau (fig. 4) et les ancres qui les agraffent à la maçonnerie; sous la partie arrondie de ces boulons passent des croupières engagées dans les boucles dont sont garnis les câbles de retenue. La figure 5 donne les coupes et élévations de ces croupières.
Les tirans en fer qui s'engagent dans les puits sont enveloppés d'une buse en bois (figure 3.)
Entre les ancres et le massif de maçonnerie, on place une plaque en fonte d'épaisseur suffisante afin d'empêcher la pierre d'être entamée par la compression.
Fig. 8. Élévation et coupe du chevalet placée à l'entrée des puits d'attache.

Pl. XXXVII. Fig. 1. Coupe transversale du tablier du pont suspendu de Bry-sur-Marne.
Fig. 2. Coupe longitudinale suivant l'axe du pont.
Fig. 3. Assemblage à trait de Jupiter de la lisse supérieure du garde-corps (garde-fou).
Fig. 4. Armature pour lier les têtes d'amont- et d'aval des culées : elle se compose d'une tige en fer forgé, noyée dans la maçonnerie et taraudée à ses extrémités. Une croix en fonte, faisant l'office d'écrou, se serre contre la surface du mur.
Fig. 5 et 6. Détail d'une des cordes pendantes avec le mode d'attache qui les relie aux pièces du pont.
Fig. 7. Plan horizontal du tablier avec les contre-vents en fils de fer.
Fig. 8. Détail du coussinet où s'engagent les extrémités de l'étrier fixé à la partie inférieure des cordes pendantes et suportent les pièces du pont.

Pl. XXXVIII. Pont du Carrousel, par M. Polonceau, ingénieur.
Ce pont se compose de trois arches en arc de cercle.
Fig. 1. Élévation de l'arche du milieu.
Fig. 2. Coupe transversale de la même arche.
Fig. 3. Détail du premier voussoir à la naissance et du premier des cercles formant tympan, ce cercle est appuyé contre la culée par une pièce en fonte S, laquelle est reliée au cercle par un boulon.
Fig. 4. Coupe du grand arc suivant A B, fig. 3. Cet arc est formé intérieurement d'un cintre en bois composé de madriers superposés et fortement boulonnés ensemble ; puis on y a adapté les voussoirs en fonte de manière à envelopper, comme une espèce de cuirasse, le cintre en charpente. Les voussoirs sont posés en couvre-joints sur les deux faces de l'arc et serrés entre eux par des boulons placés à leur partie supérieure et inférieure.
Entre les madriers et la fonte on a coulé à chaud une couche de bitume dont on a empêché l'écoulement au moyen d'un mastic de fonte fermant les joints longitudinaux du haut et du bas de chaque cours de voussoirs. Des coins de fer c c, enfoncés dans les joints verticaux (fig. 3), achèvent de consolider tout le système en serrant fortement les unes contre les autres toutes les parties de la courbe. Une seconde couche de bitume a été étendue sur l'extrados des arcs afin de prévenir entièrement les effets de l'humidité.
Fig. 5. Projection horizontale de la partie supérieure des arcs avec le système d'entretoises et de liens disposés en croix de Saint-André pour maintenir l'écartement des arcs et les relier ensemble.
Fig. 6. Barre de fer, en forme de T ; taraudée à ses extrémités et servant à relier transversalement les cercles entre eux : un coin de fer, placé entre le pied, de la barre et le parois du cercle permet le moins de jeu possible.
Fig. 7. Détail de la coupe du trottoir et du tablier du pont. A A sont les cercles du tympan ; b b, morceaux de bois encastrés dans les cercles suivant leur courbure et les empêchant de glisser. La chaussée C est formée de moellons et meulières concassés ; et sur lesquels on a versé un lait de chaux hydraulyque. Elle repose sur un double rang de madriers.
Fig. 8. Fragment d'élévation du tablier.
Fig. 9. Bobine en fonte, placée aux parties supérieure et inférieure des cercles, pour les empêcher de glisser ; est formée de deux cercles excentriques, dont le plus grand s'appuie contre la joue extérieure des grands cercles et s'oppose à tout mouvement qui pourrait les lancer en dehors. Une plate bande en fer, prise entre les cercles et les voussoirs relie cette bobine à une autre. (Voir les figures 3, 4, 8.)

FIN DE LA CHARPENTE EN FER.

PARIS. — IMPRIMERIE D'AMÉDÉE SAINTIN, RUE SAINT-JACQUES, 38.

CHARPENTE. Pl. I.

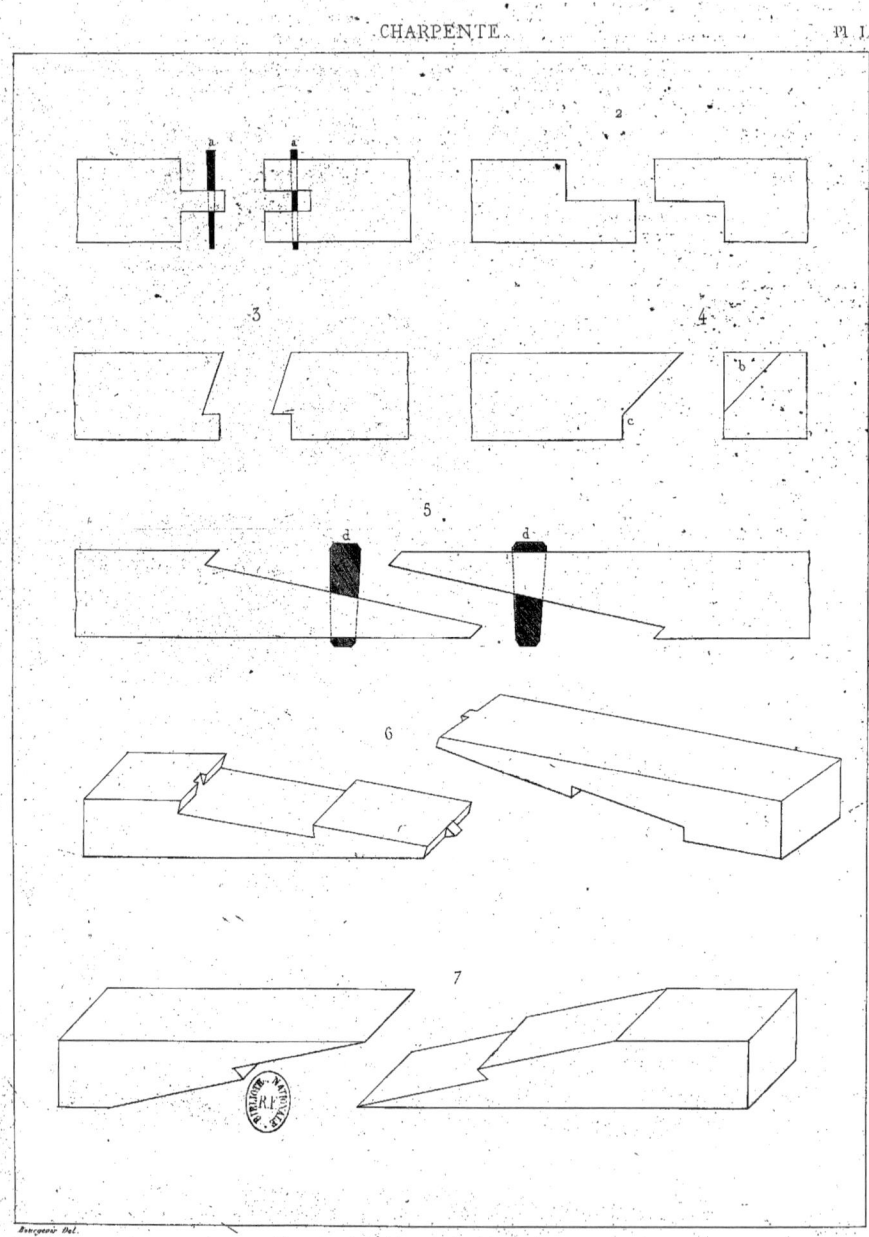

ASSEMBLAGES.

CHARPENTE. Pl. II.

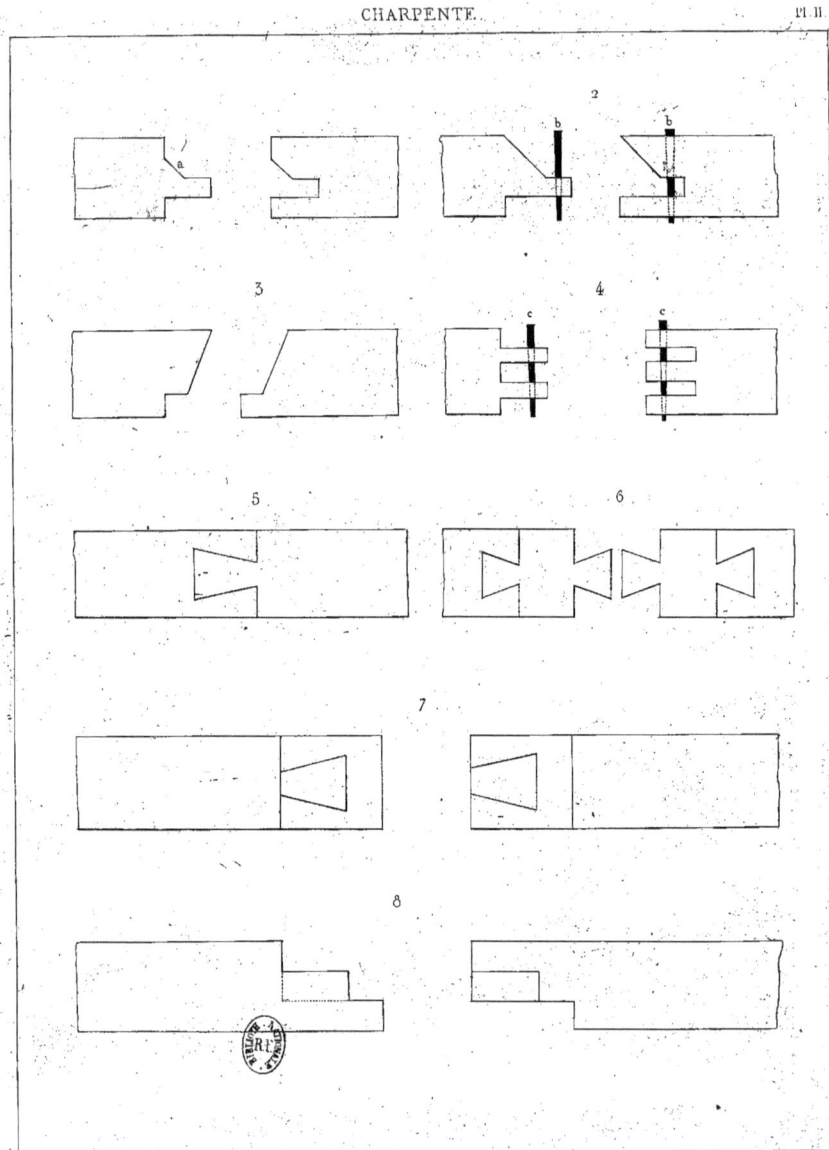

ASSEMBLAGES.

CHARPENTE. Pl. III.

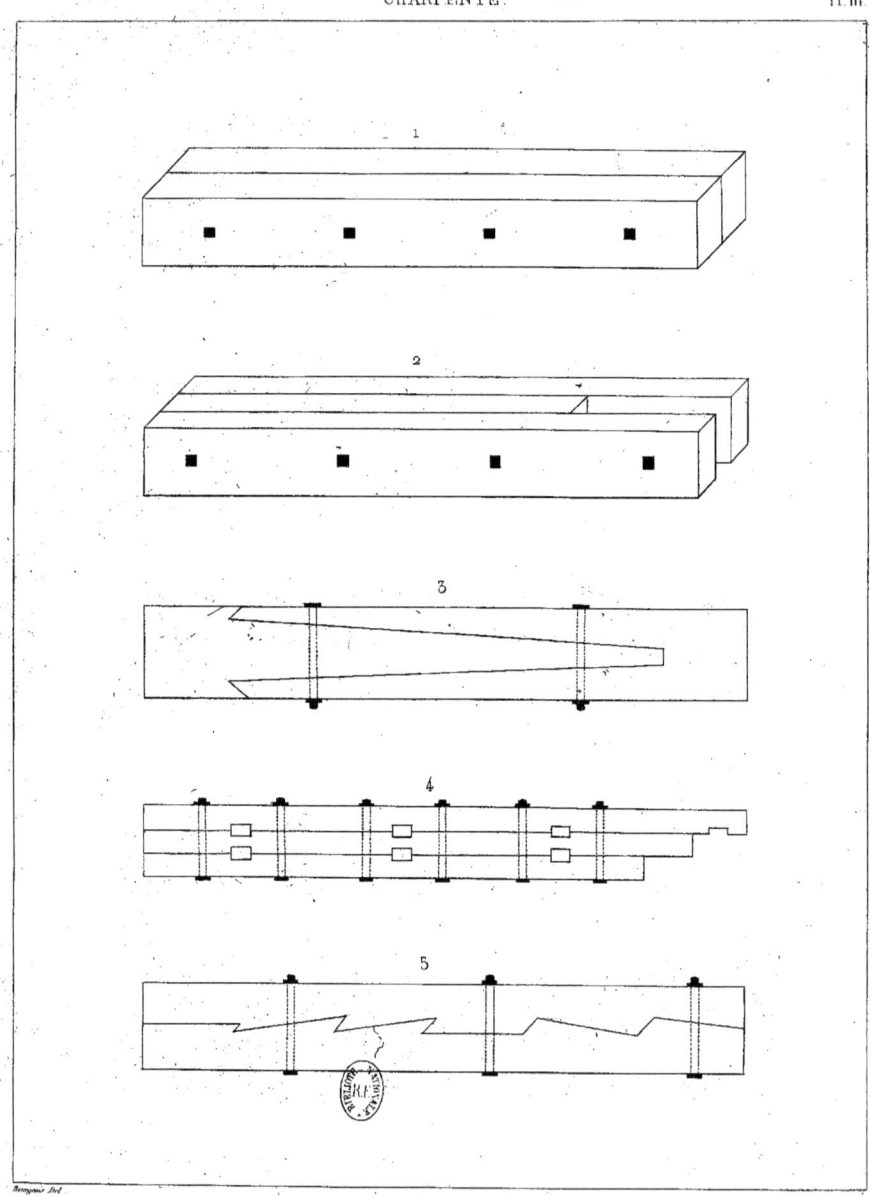

CHARPENTE   Pl. IV.

CHARPENTE. PL. V.

CHARPENTE. PL.VI.

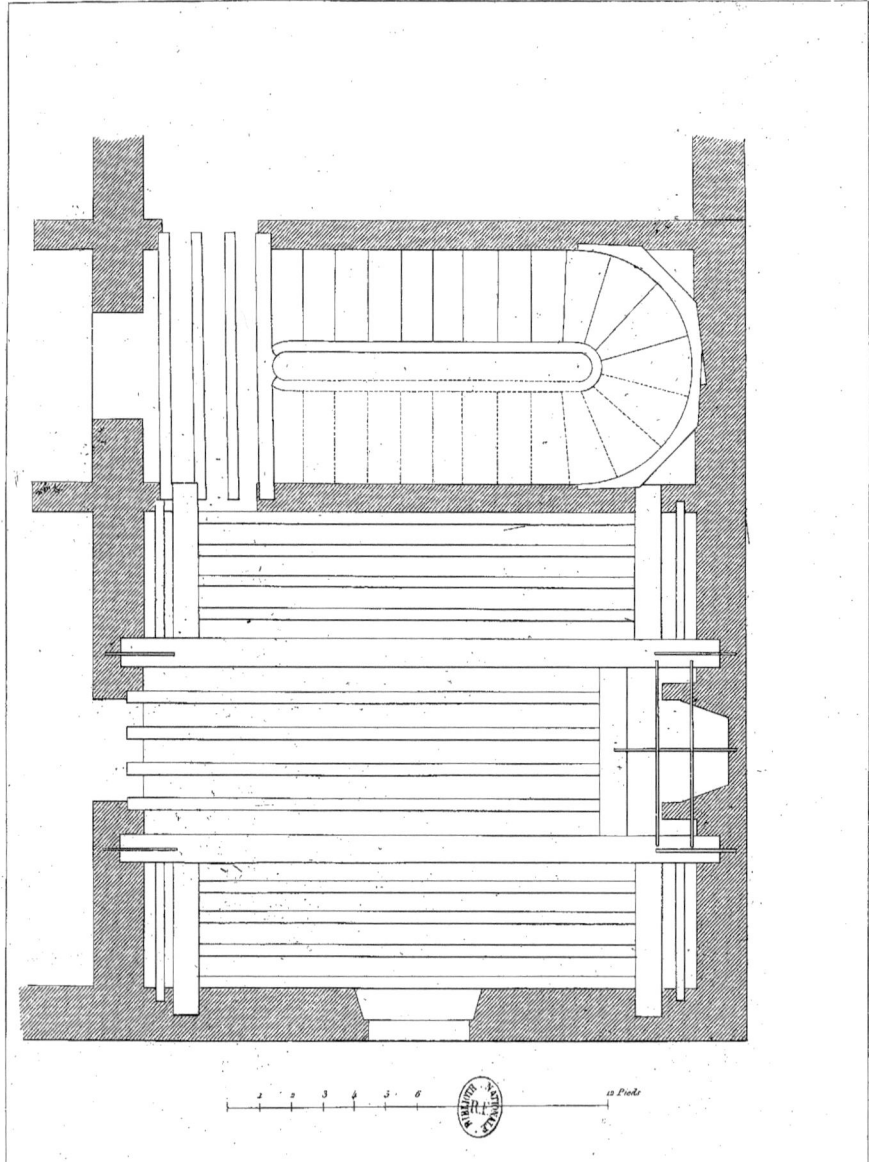

CHARPENTE. Pl. VII

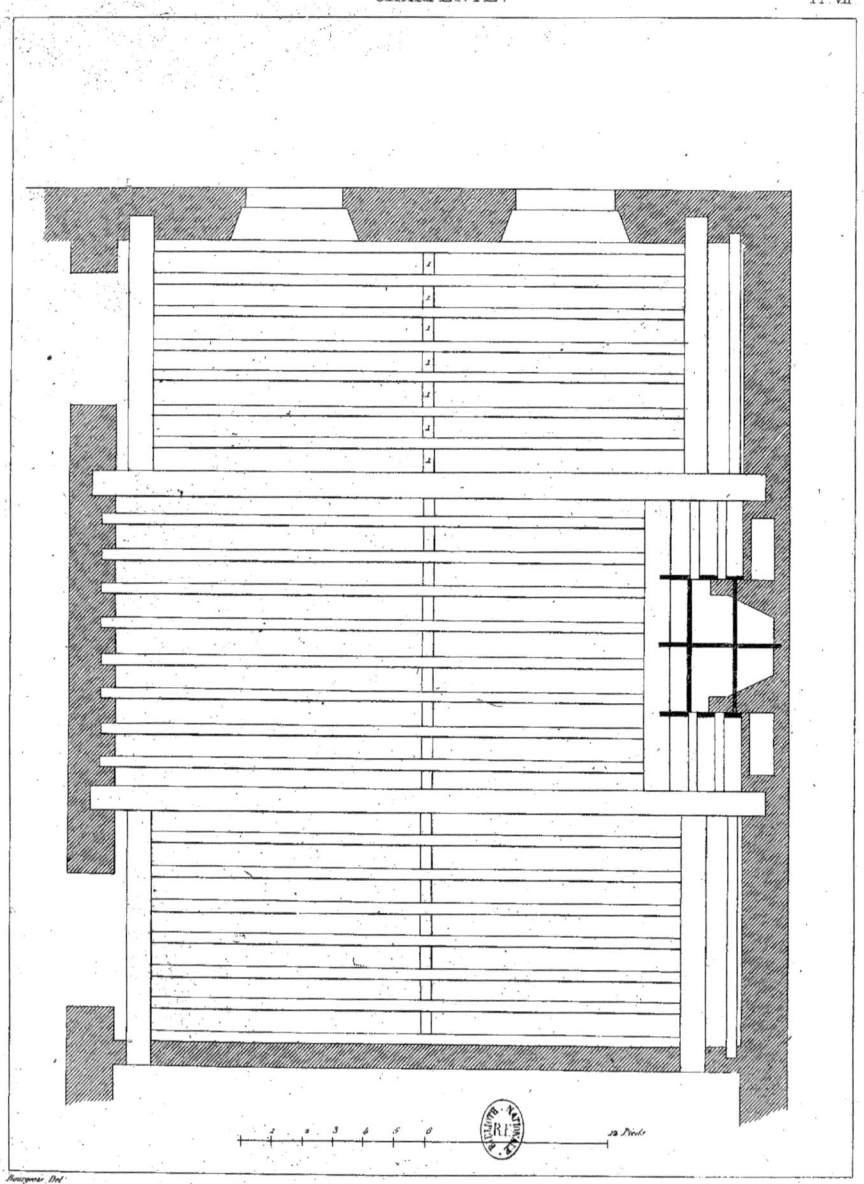

CHARPENTE. Pl. VIII.

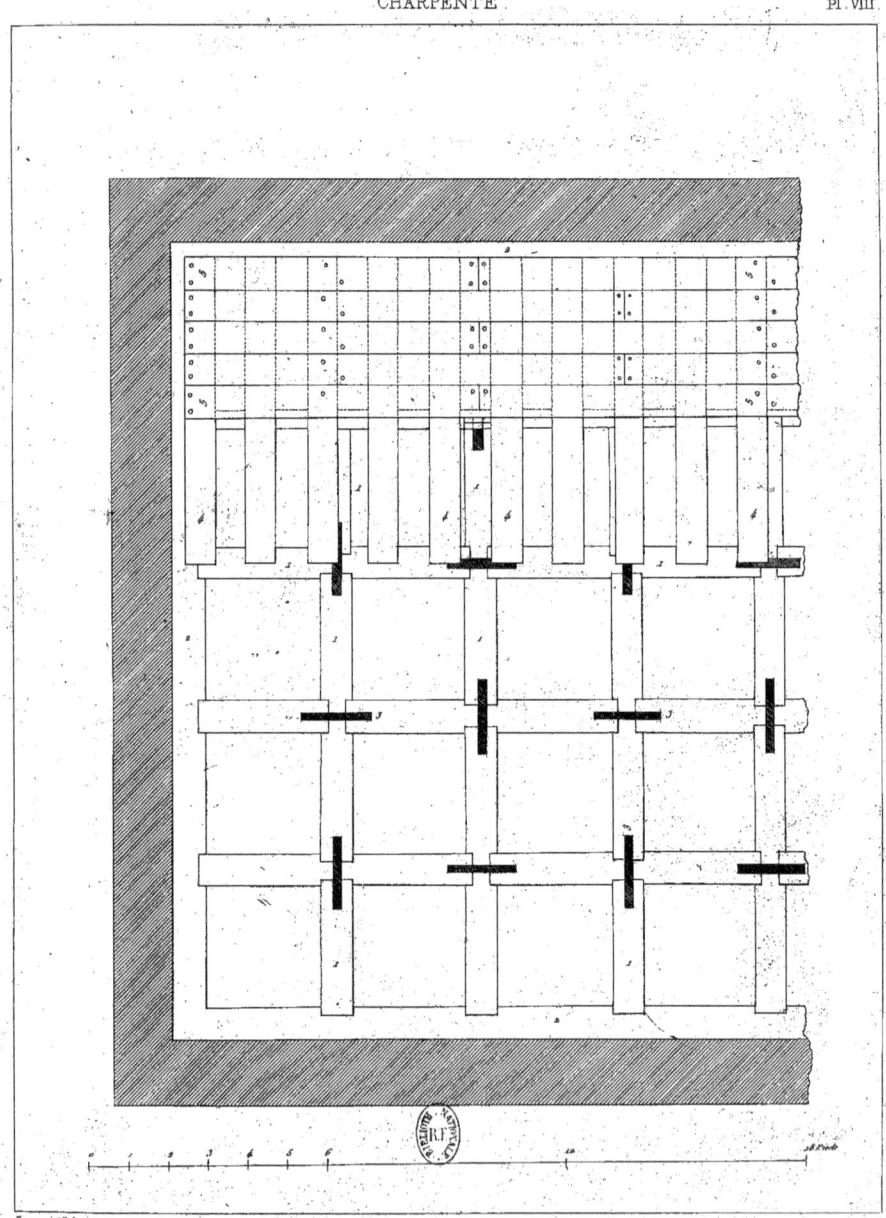

CHARPENTE Pl. IX

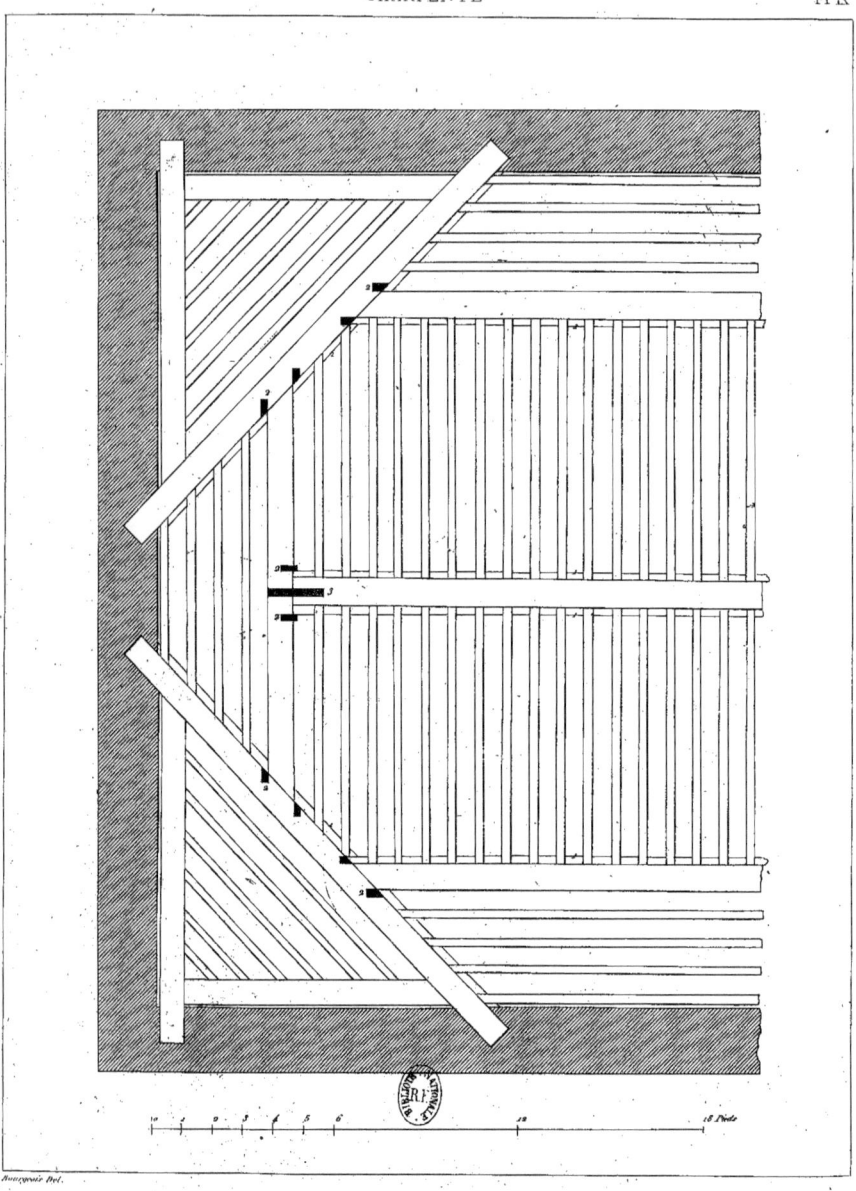

CHARPENTE. Pl. X.

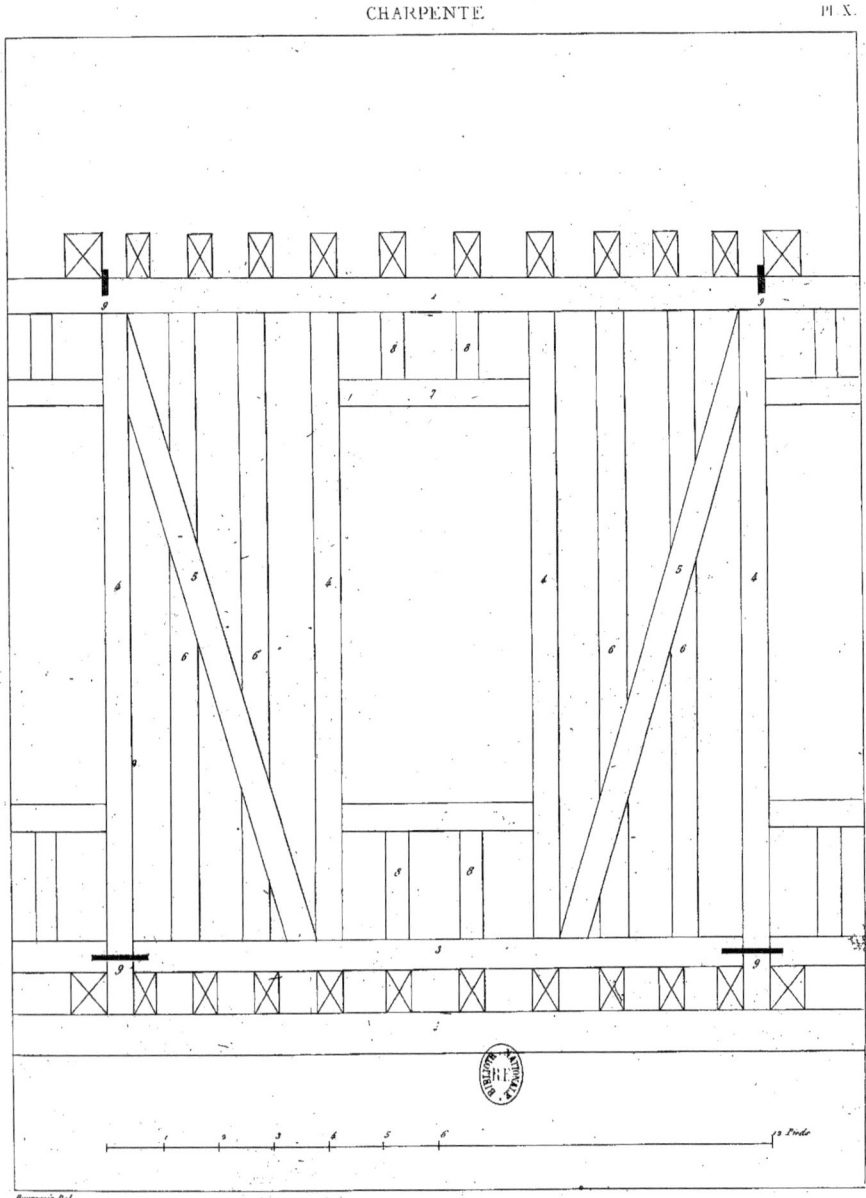

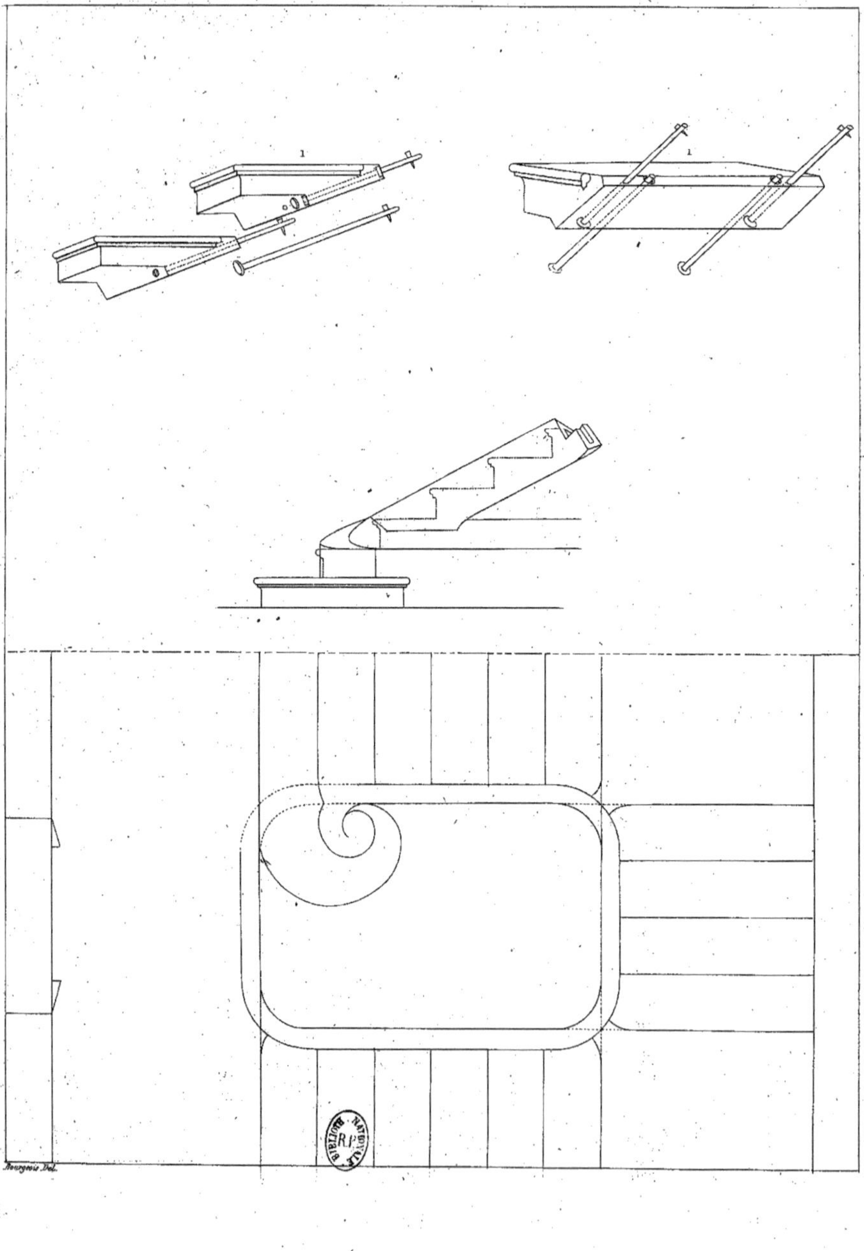

CHARPENTE PL. XI.

CHARPENTE PL. XII.

CHARPENTE PL. XIII.

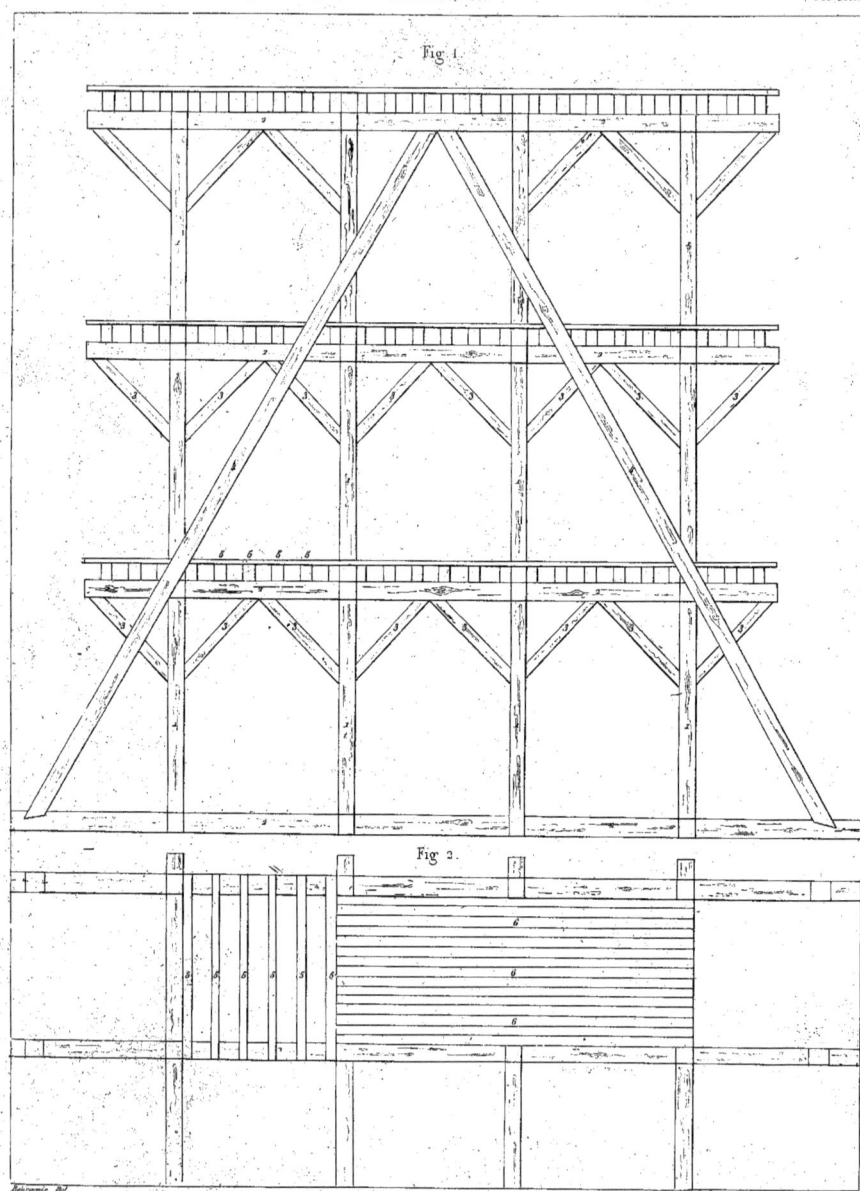

Fig. 1.

Fig. 2.

CHARPENTE PL. XIV.

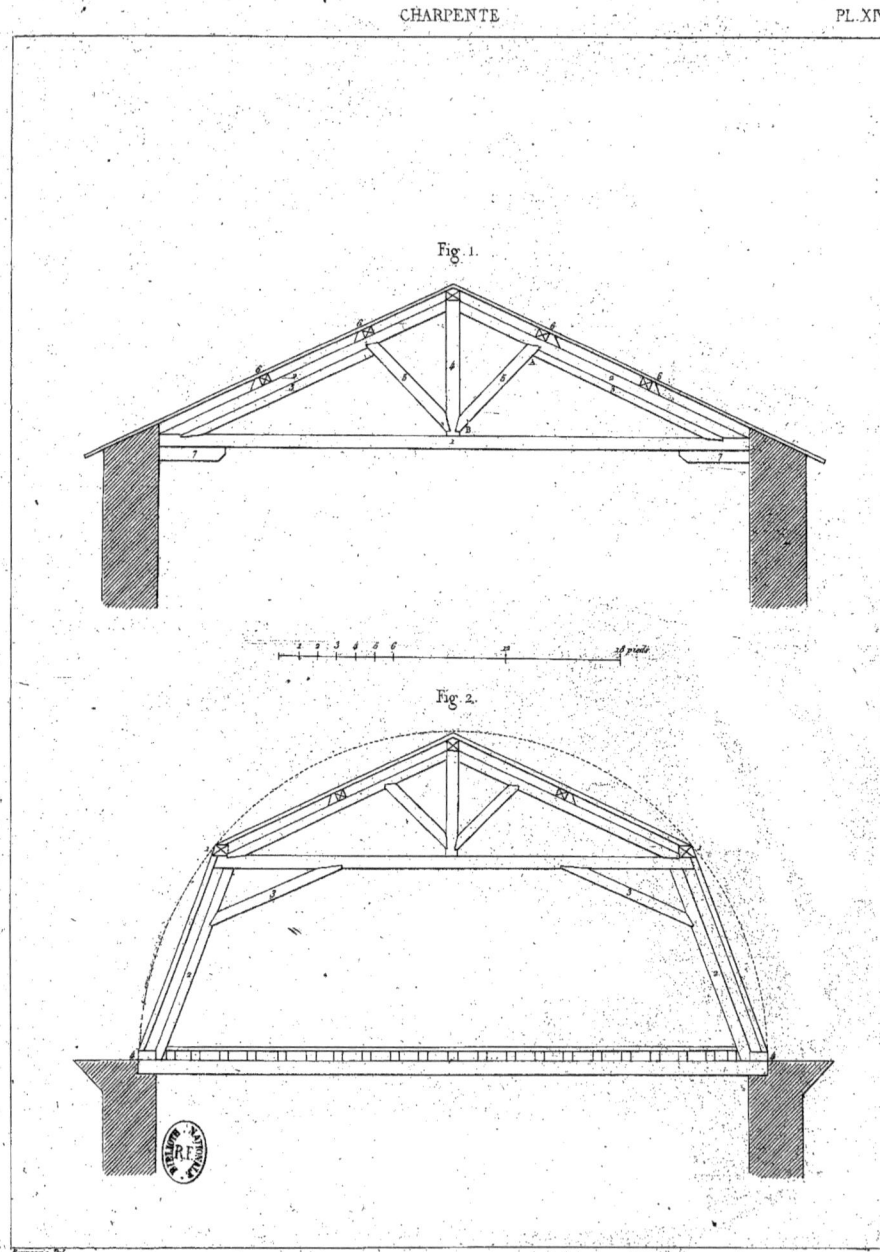

Fig. 1.

Fig. 2.

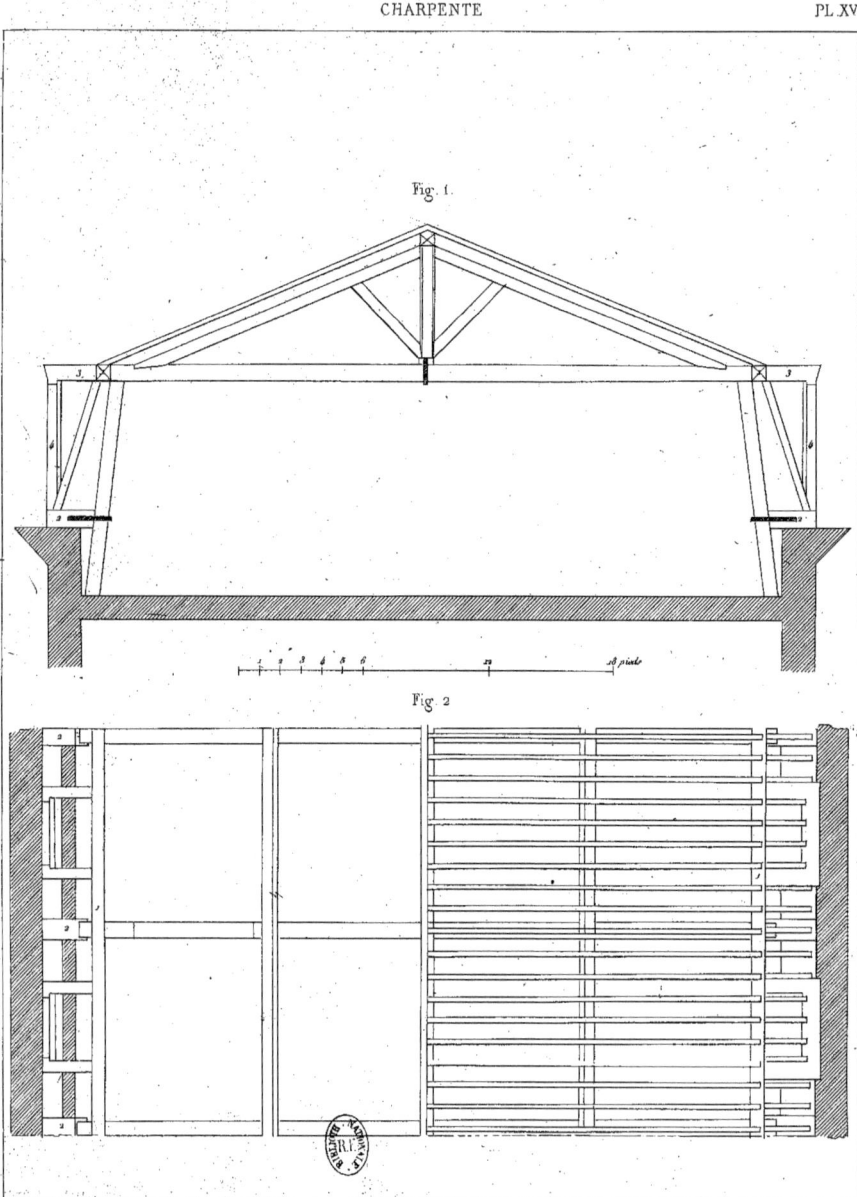

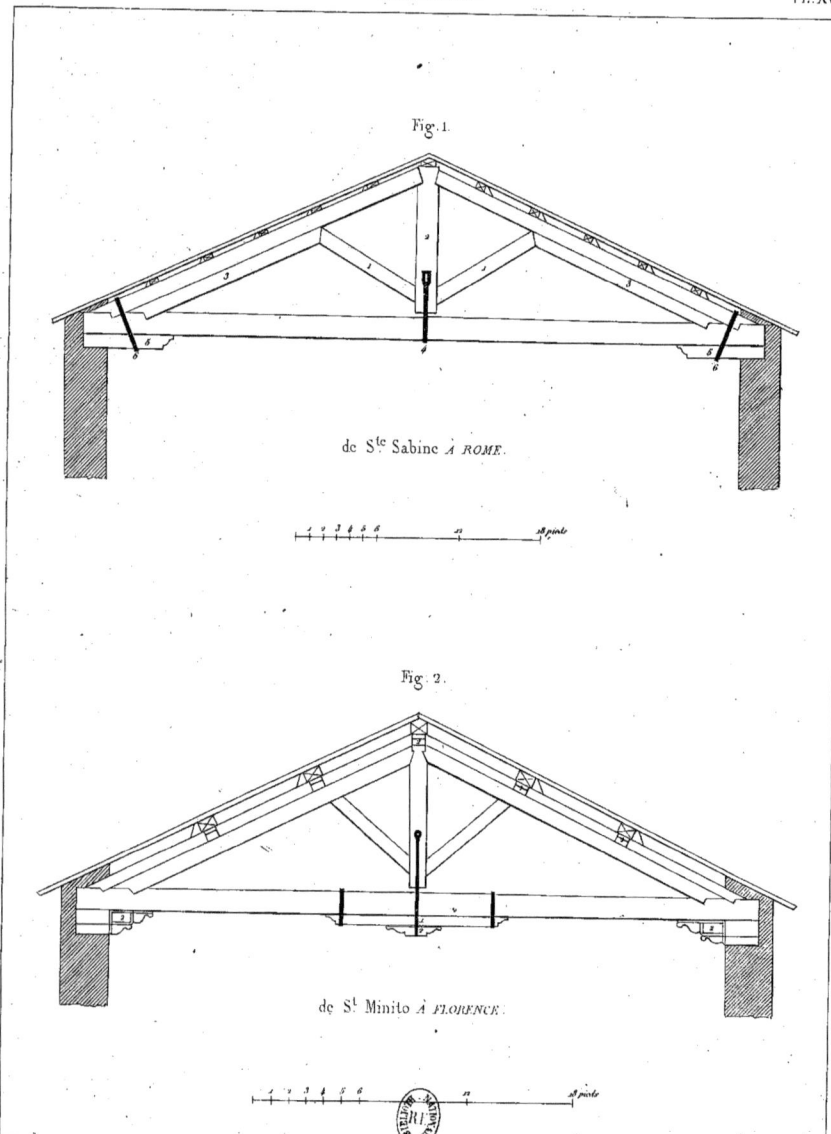

Fig. 1.

de Sᵗᵉ Sabine A ROME.

Fig. 2.

de Sᵗ Minito A FLORENCE.

CHARPENTE. PL. XVII.

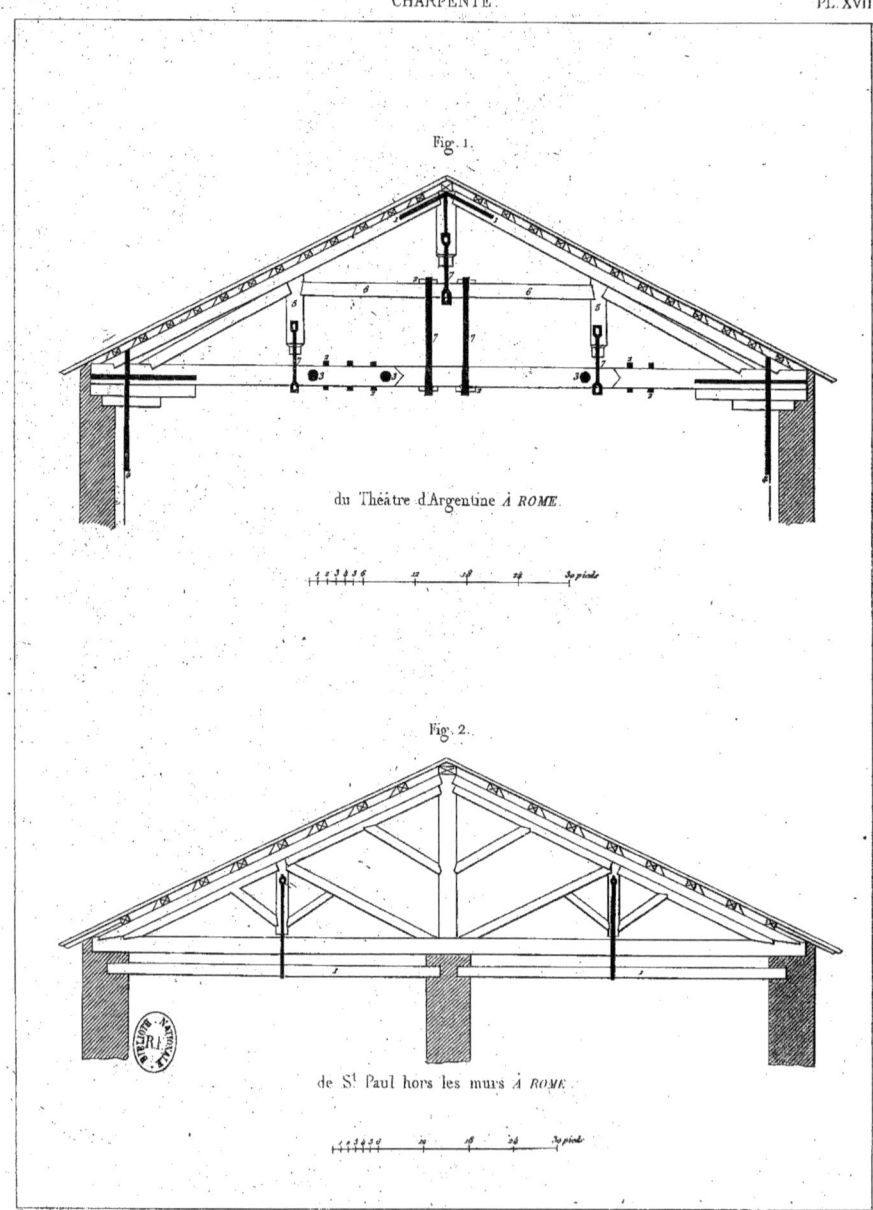

Fig. 1.

du Théâtre d'Argentine À ROME.

Fig. 2.

de St. Paul hors les murs À ROME.

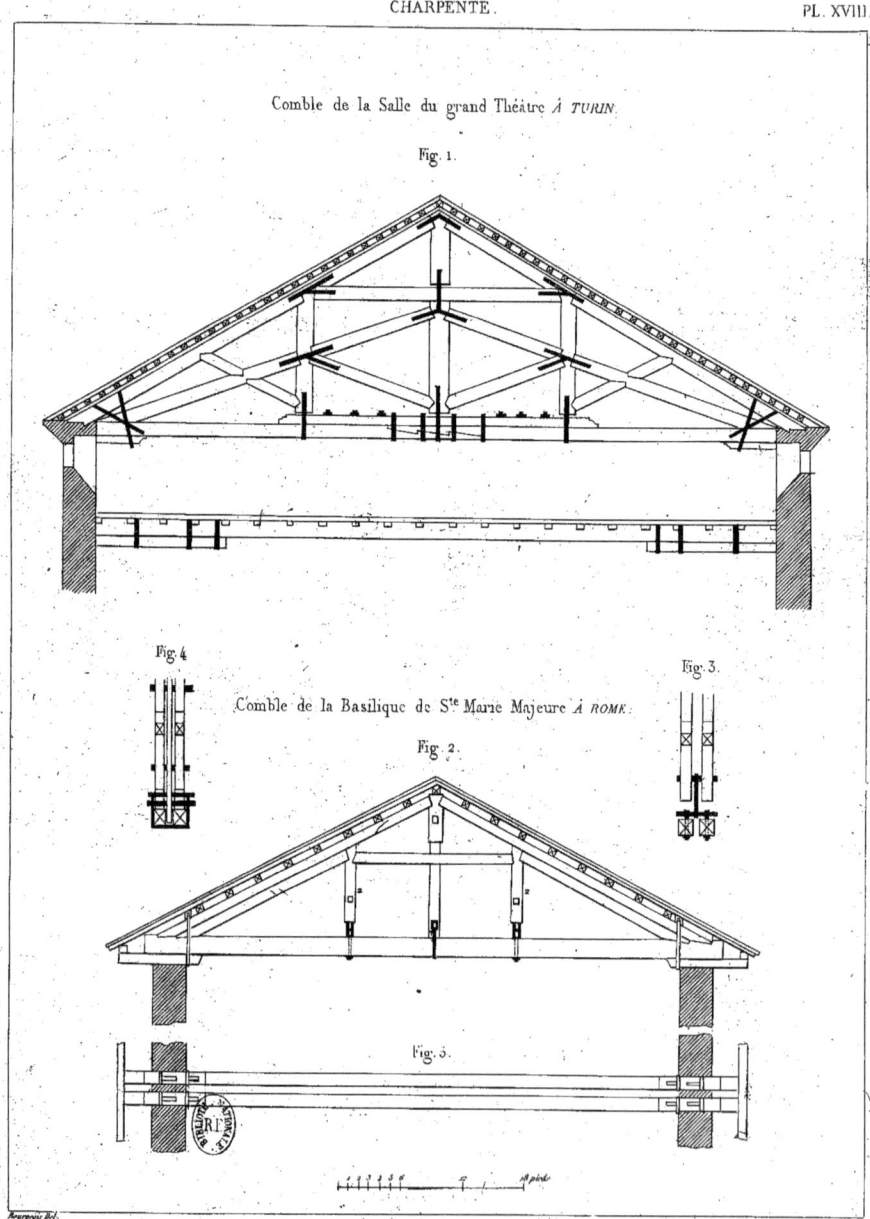

CHARPENTE PL. XIX

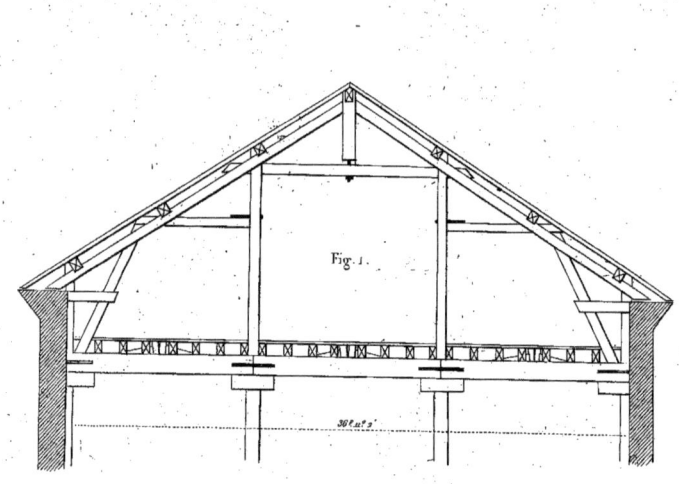

Fig. 1.

Magasin de la Manutention des Vivres À PARIS

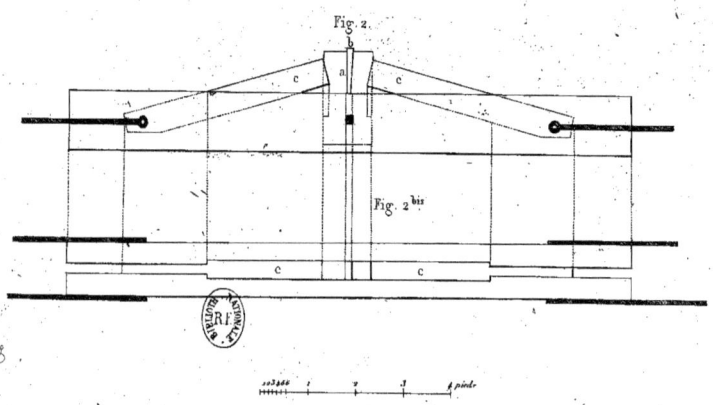

Fig. 2.
Fig. 2 bis.

CHARPENTE PL. XX.

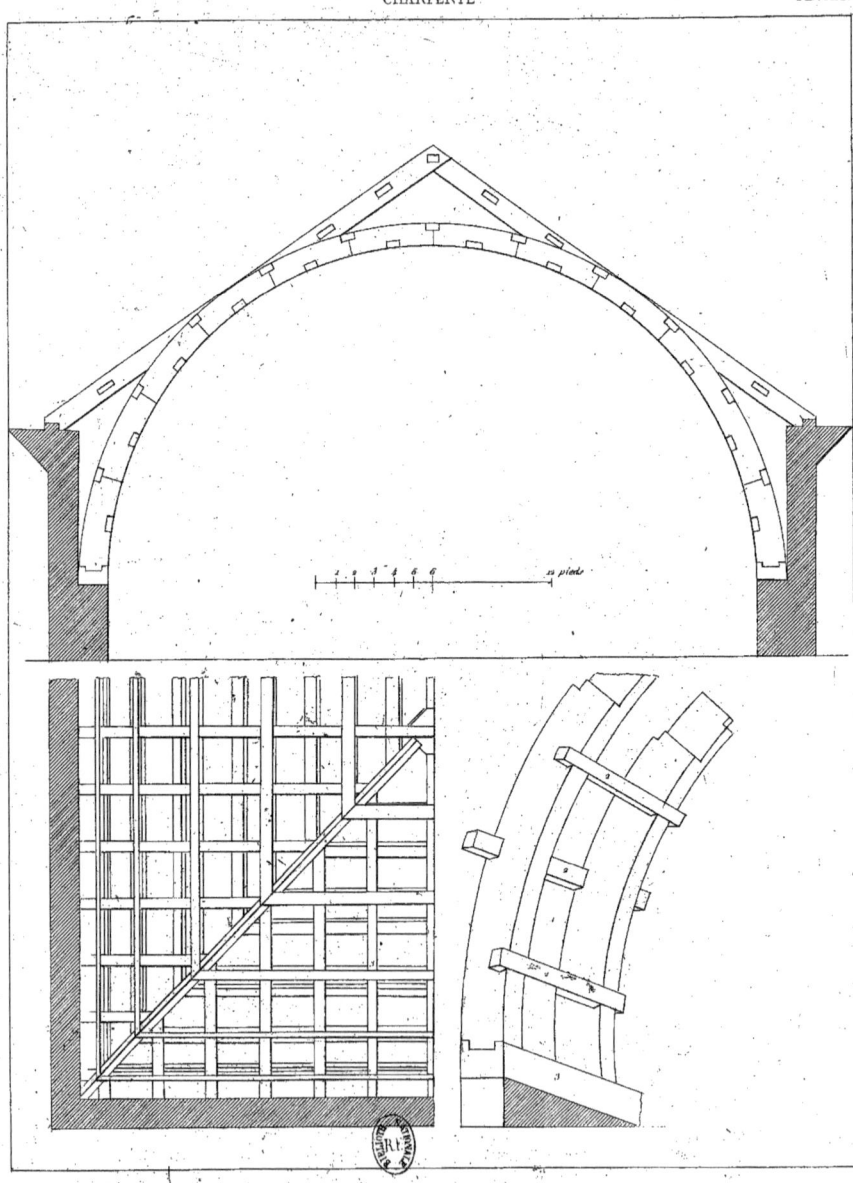

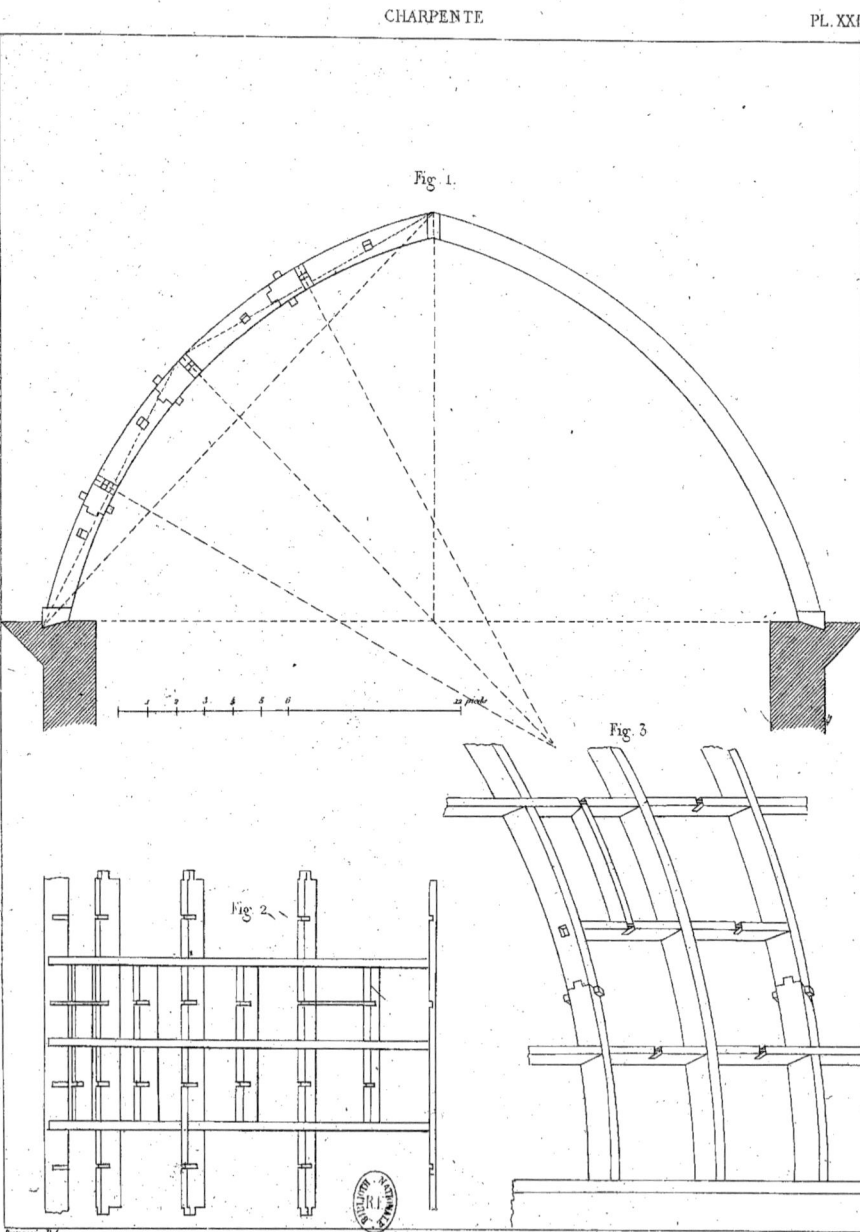

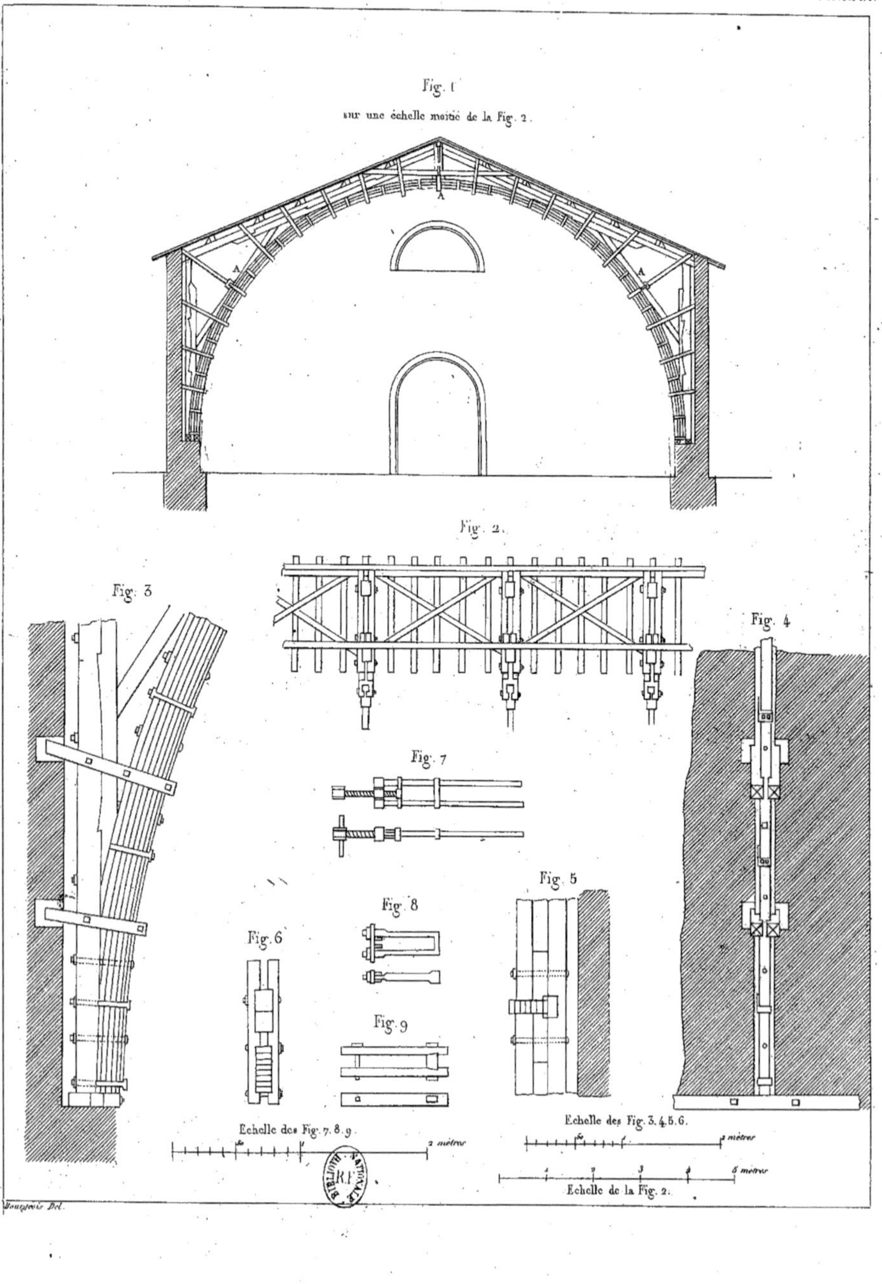

CHARPENTE PL. XXII.

Fig. 1
sur une échelle moitié de la Fig. 2.

Fig. 2.

Fig. 3

Fig. 4

Fig. 7

Fig. 5

Fig. 8

Fig. 6

Fig. 9

Echelle des Fig. 7. 8. 9.

Echelle des Fig. 3. 4. 5. 6.

Echelle de la Fig. 2.

CHARPENTE PL. XXIII

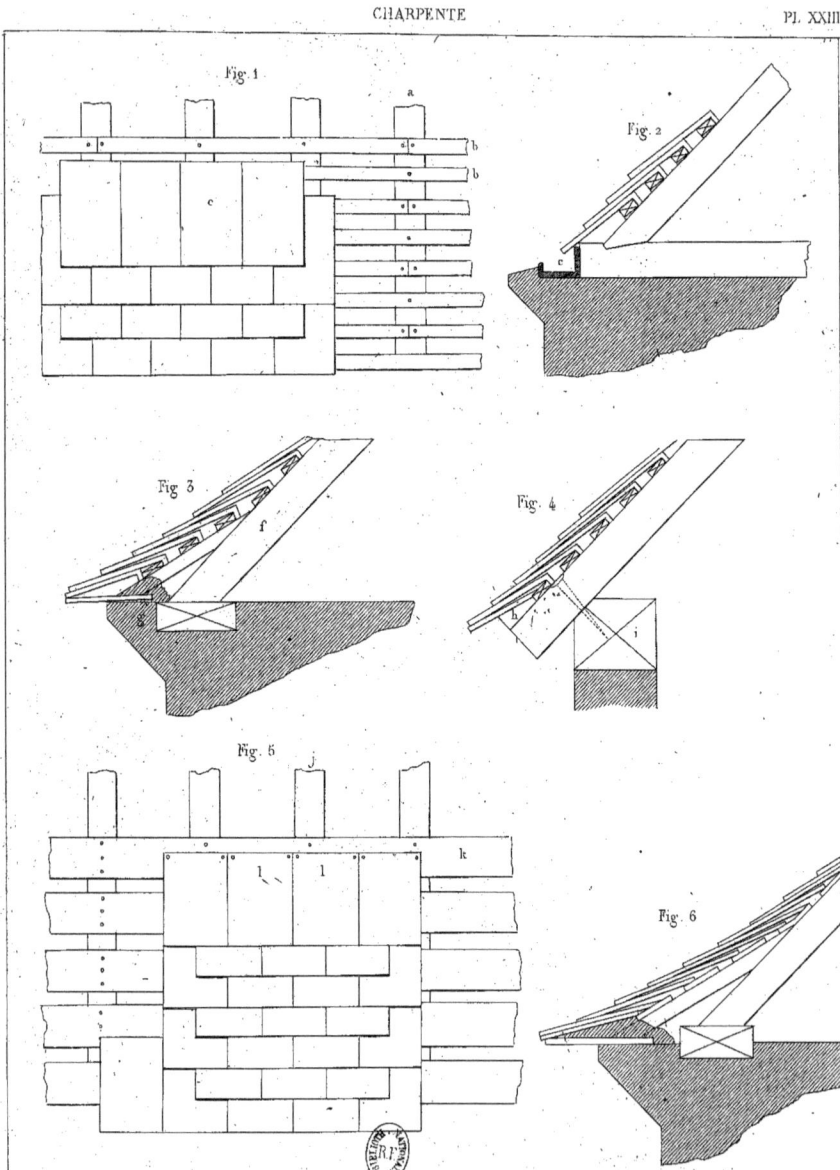

CHARPENTE PL. XXIV

Fig. 1

Fig. 2

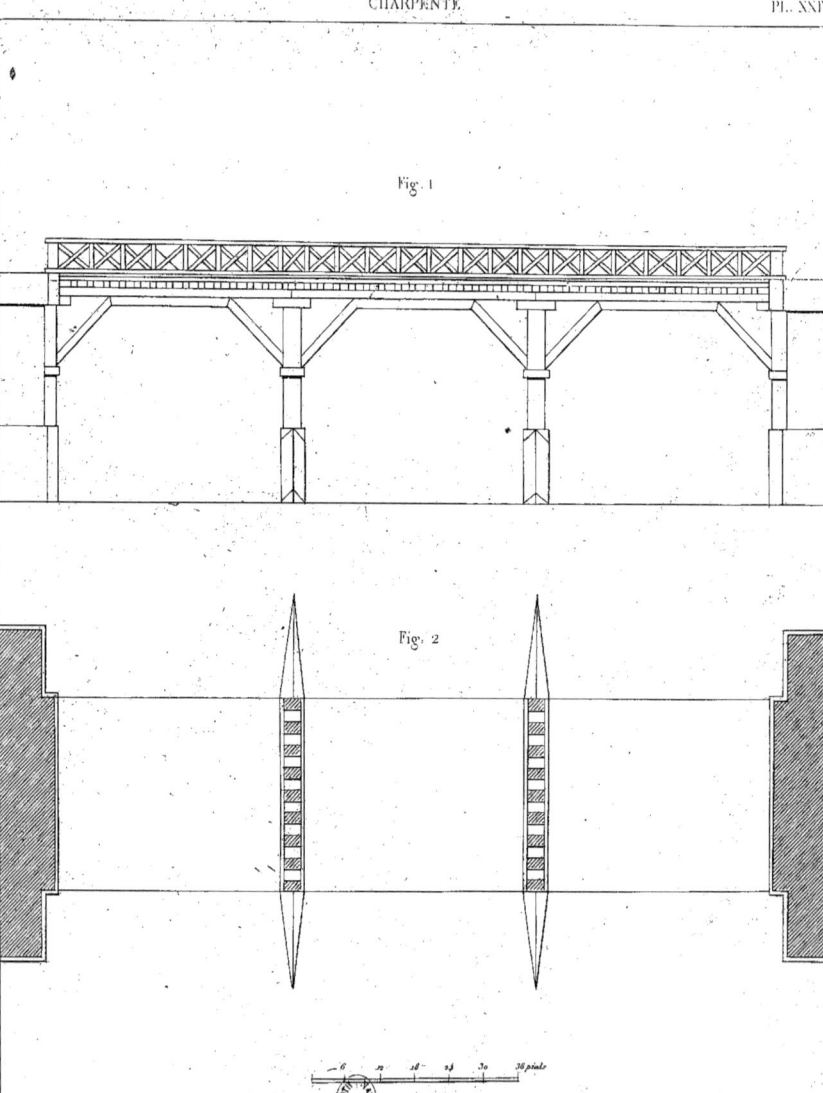

CHARPENTE
PL. XXV

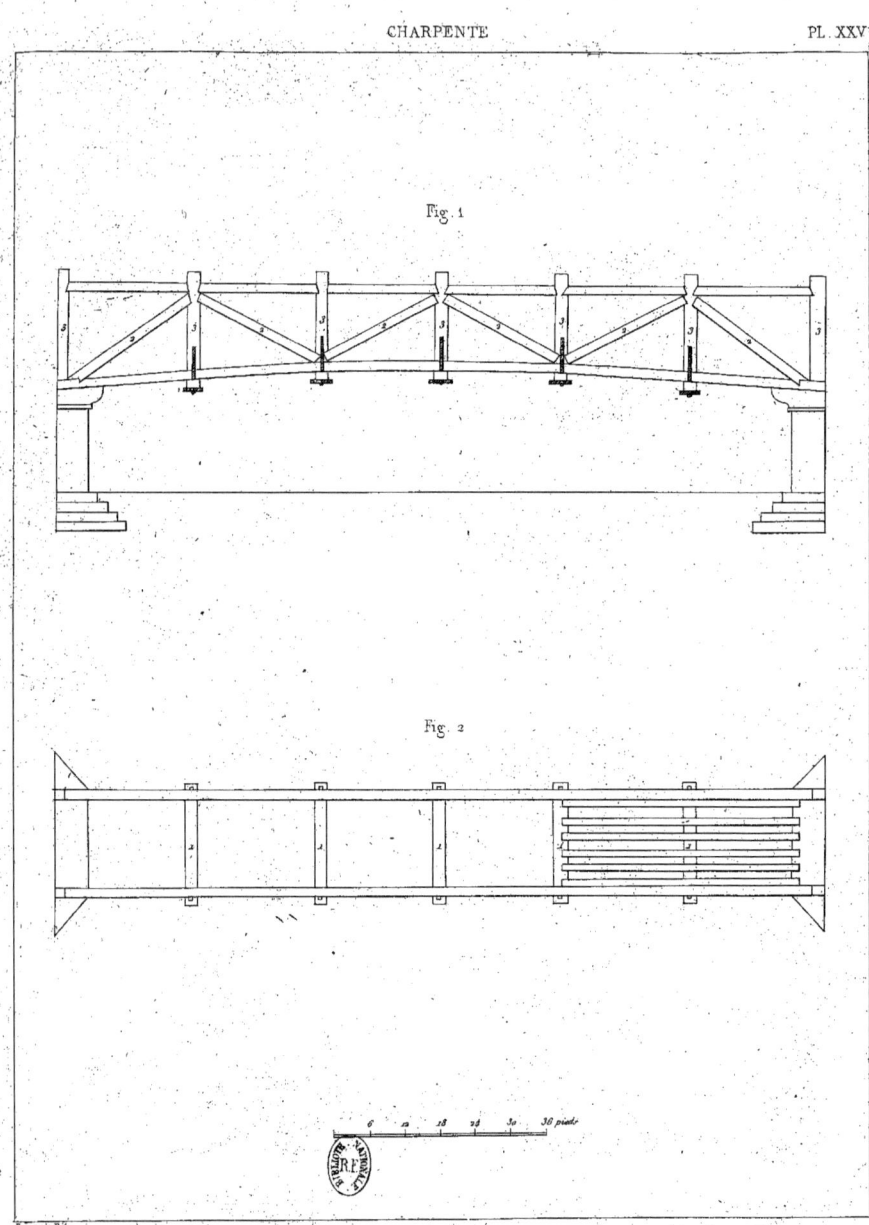

Fig. 1

Fig. 2

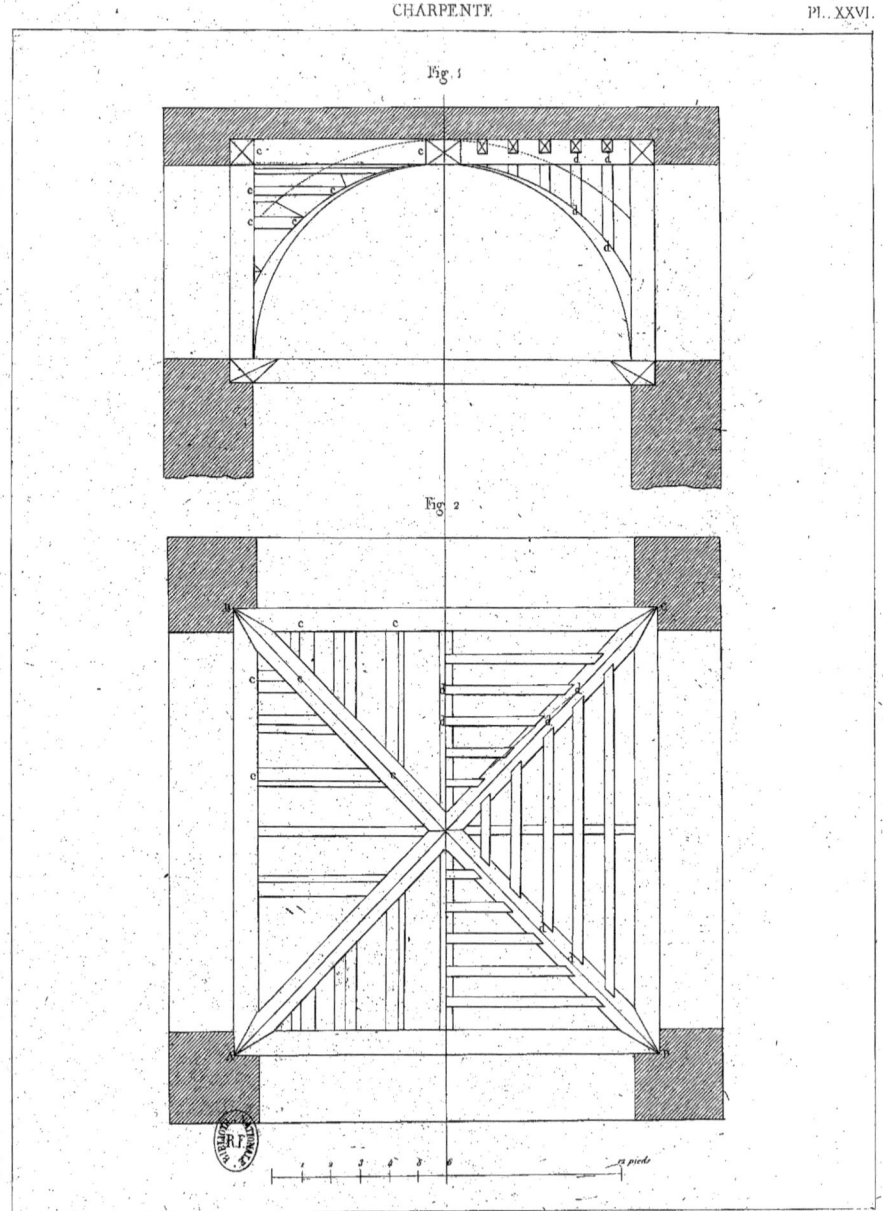

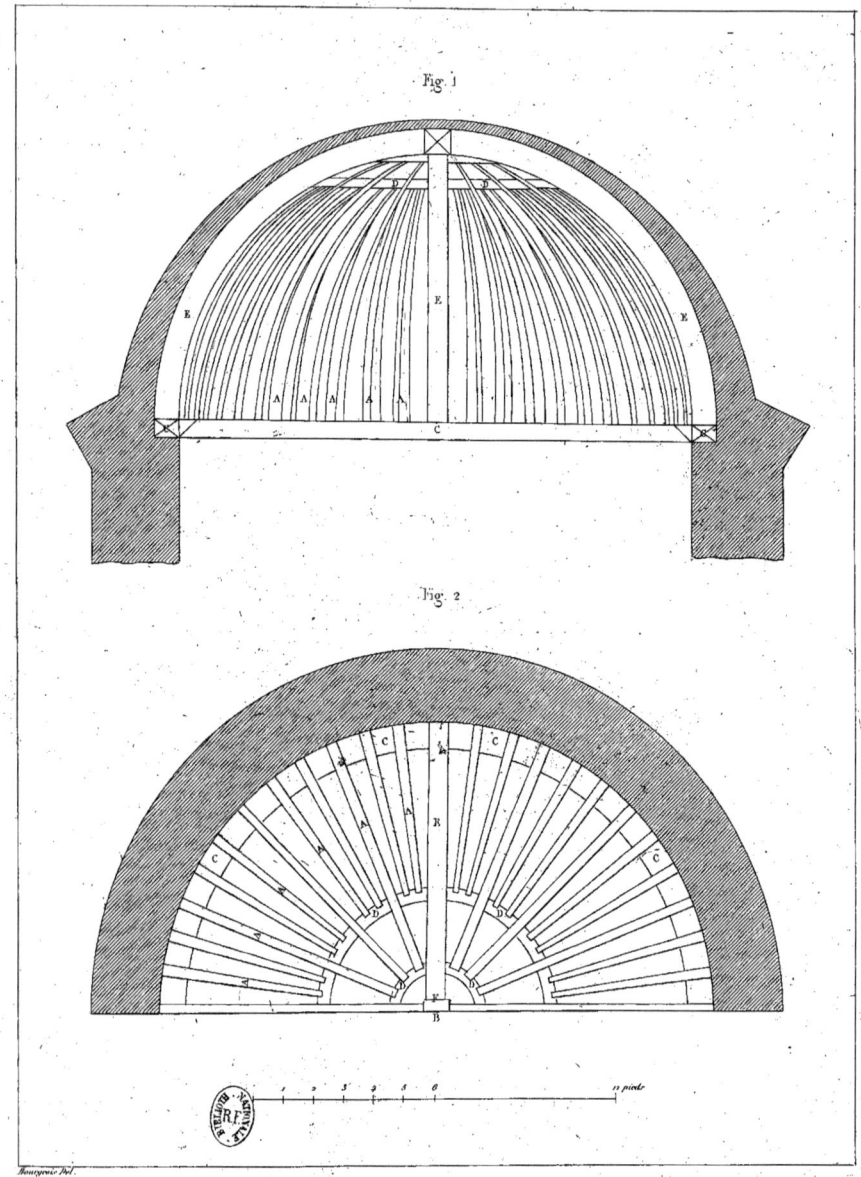

Fig. 1.

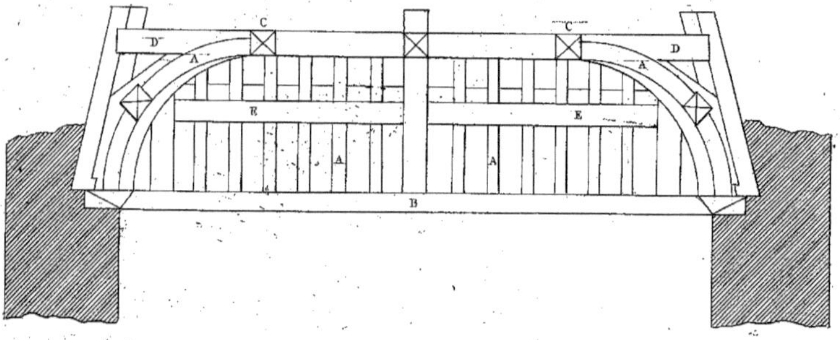

Fig. 2

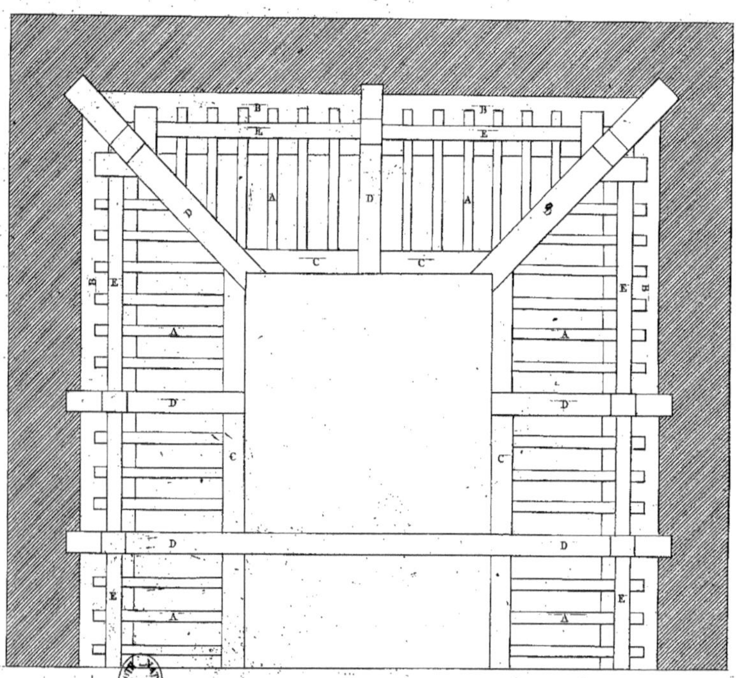

1 2 3 4 5 6 12 pieds

Bourgeois del.

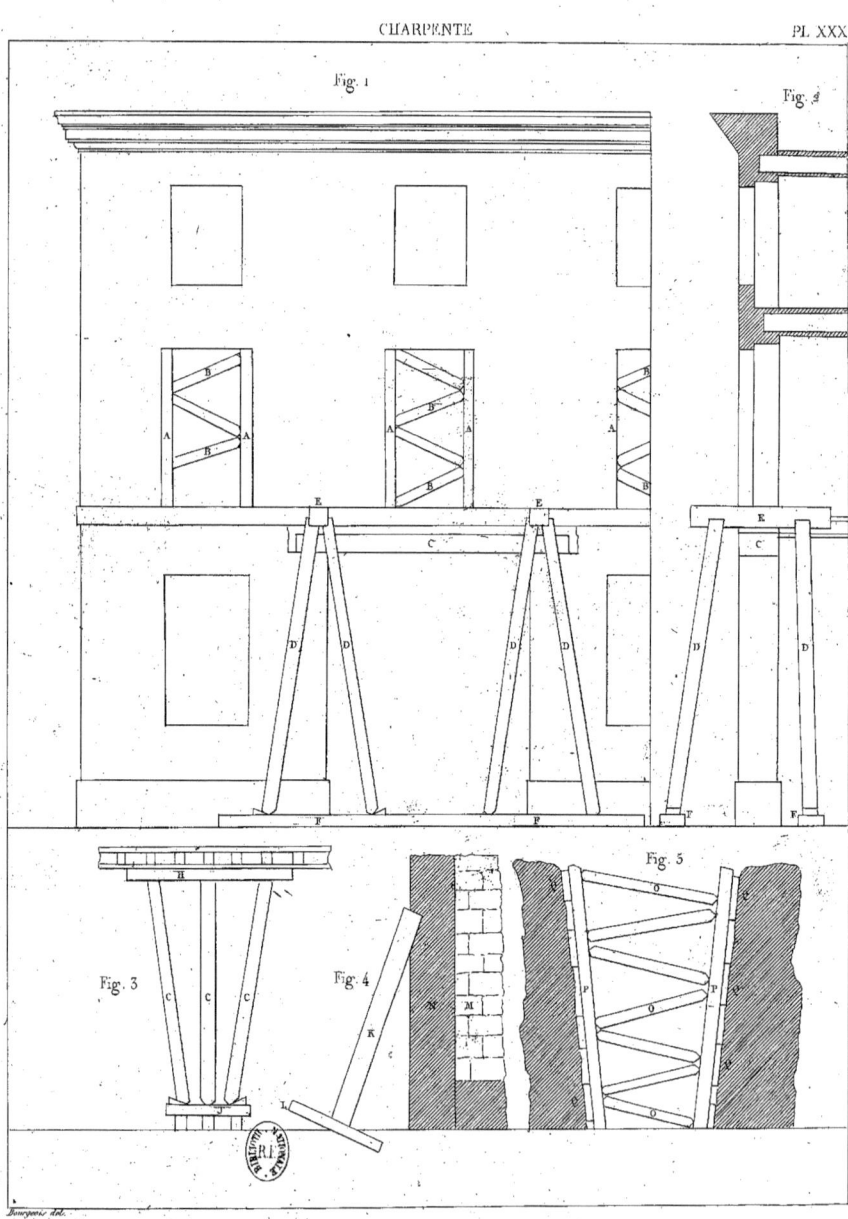

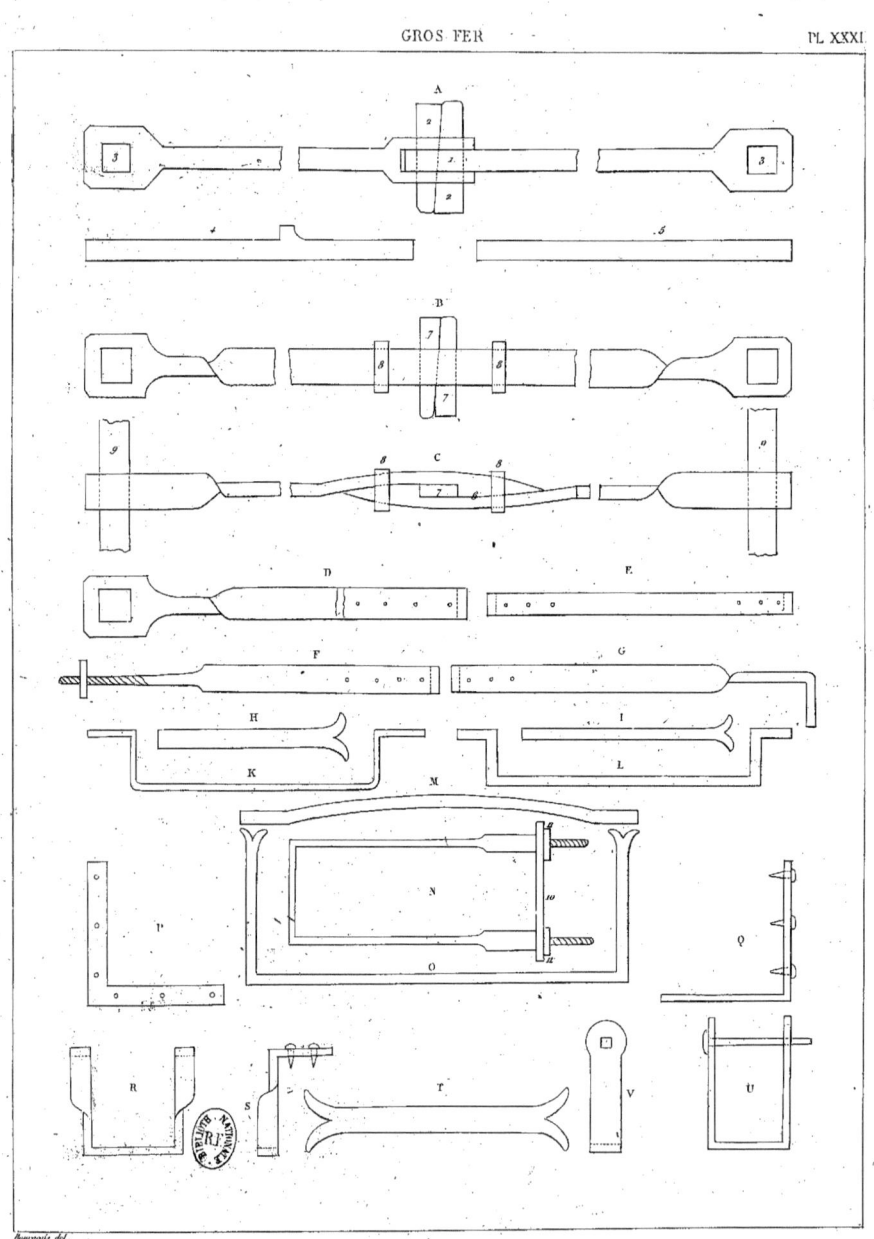

CHARPENTE EN FERS

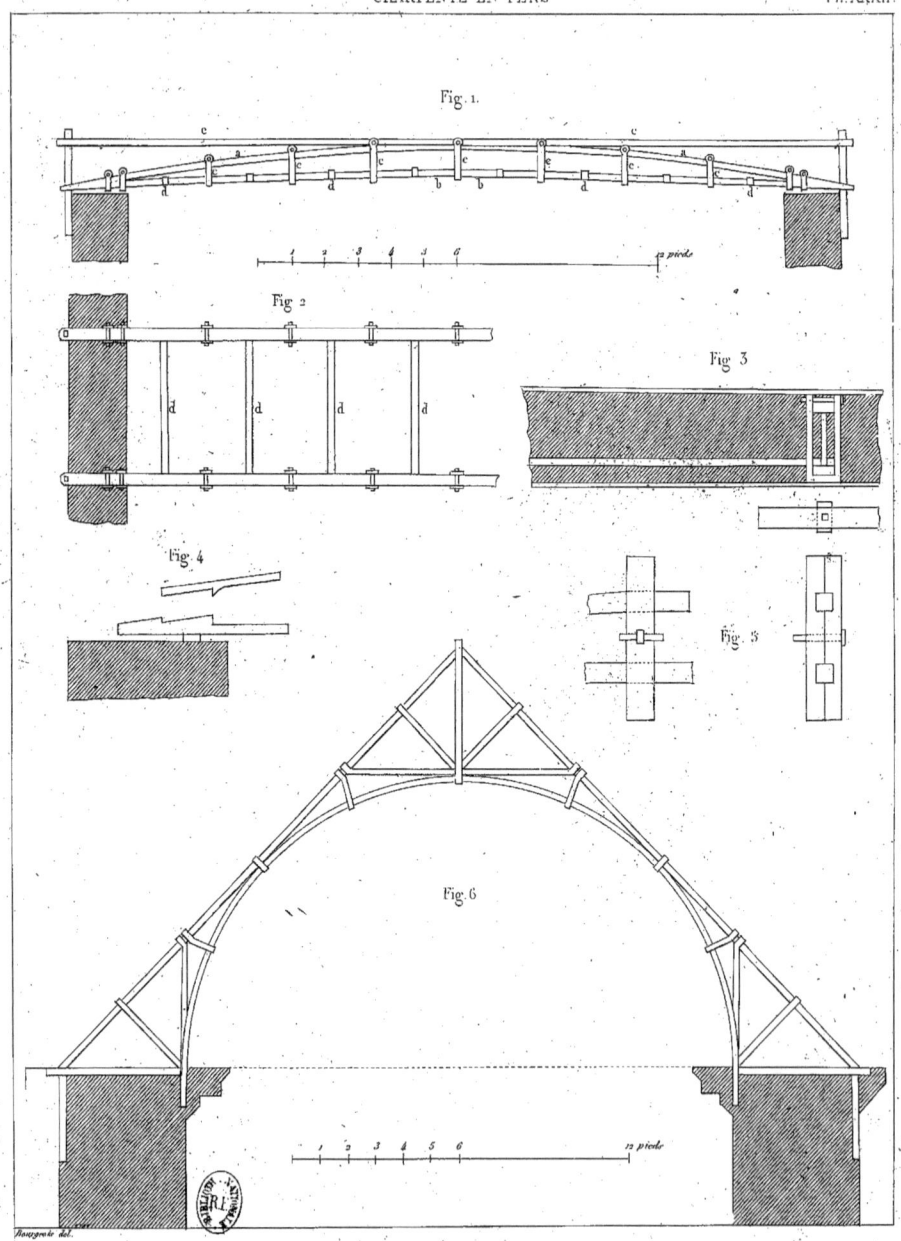

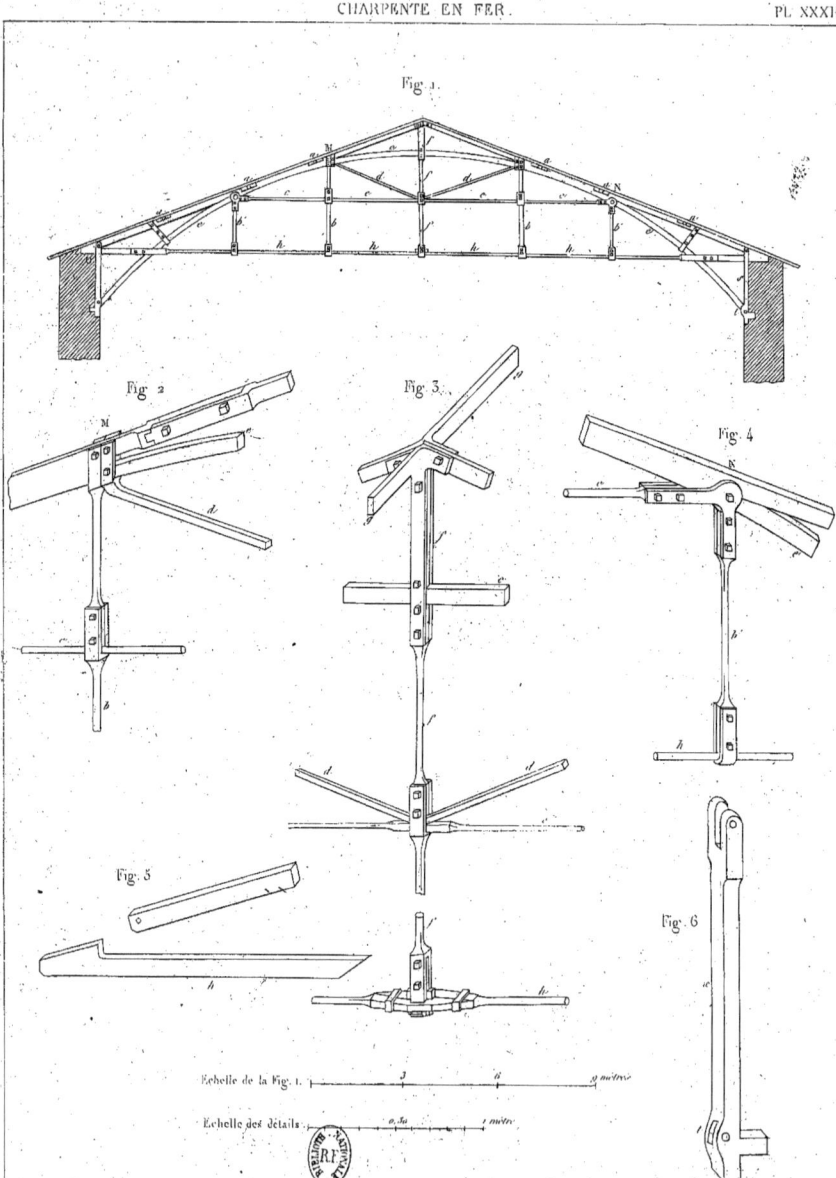

CHARPENTE EN FER   Pl. XXXIV

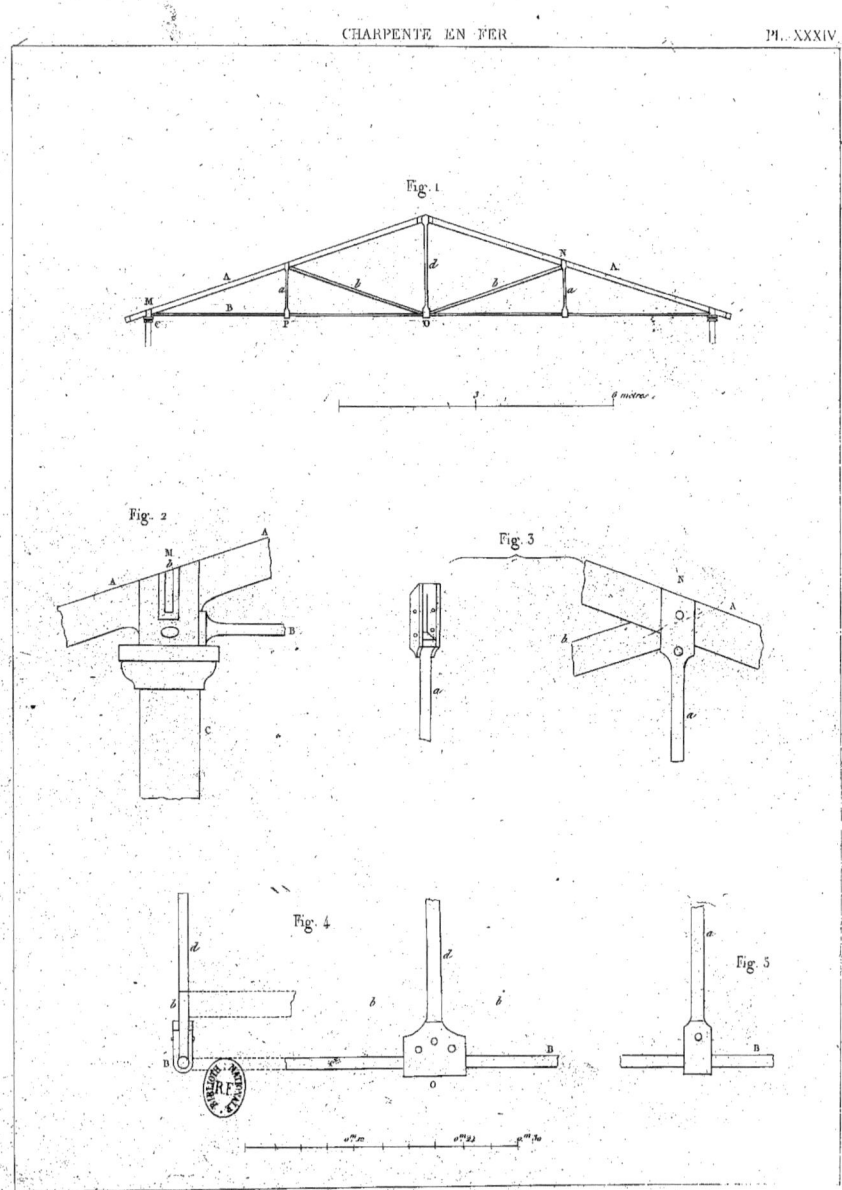

CHARPENTE EN FER PL. XXXV.

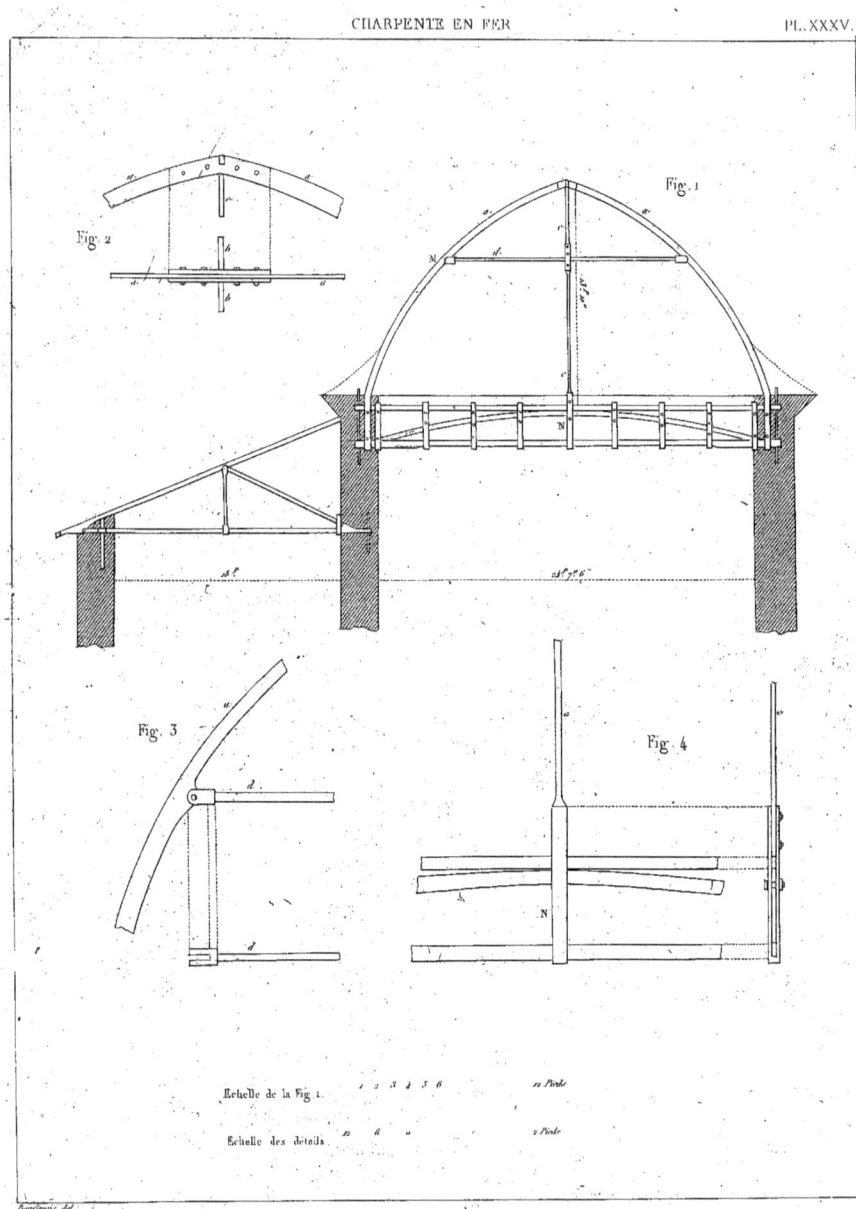

Echelle de la Fig. 1
Echelle des détails

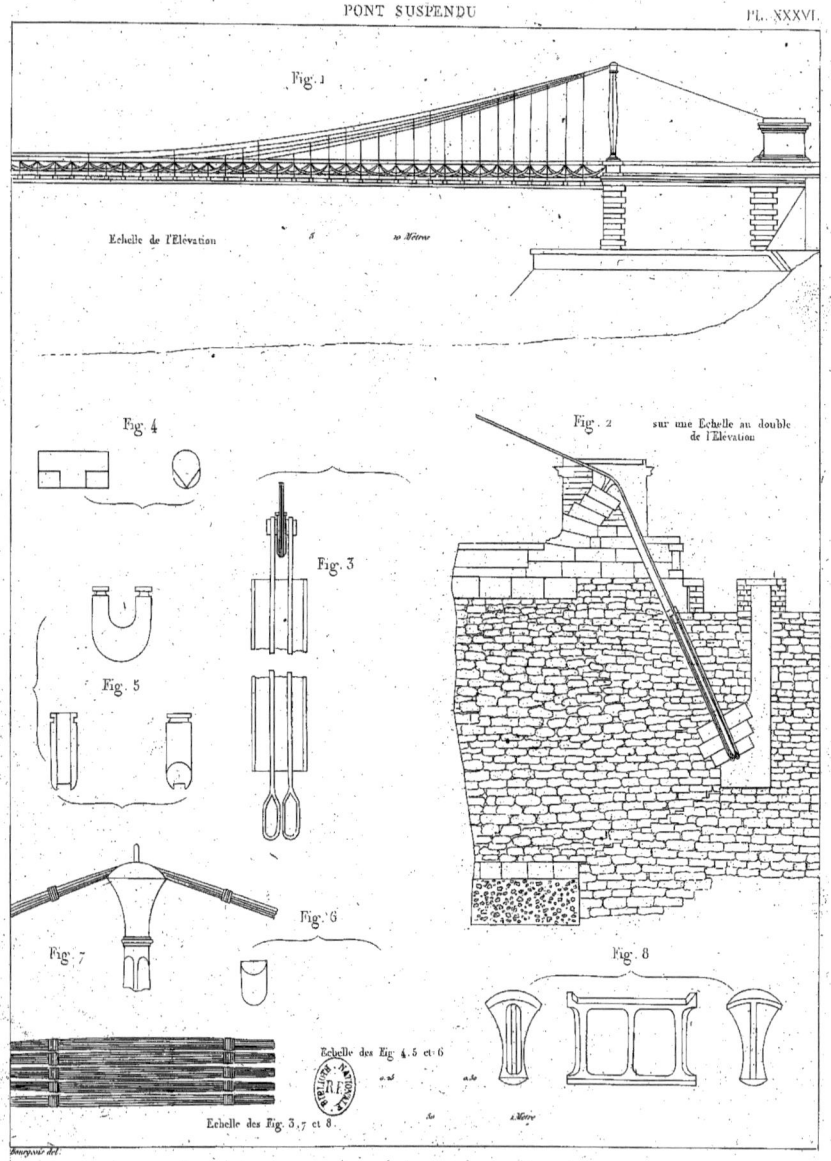

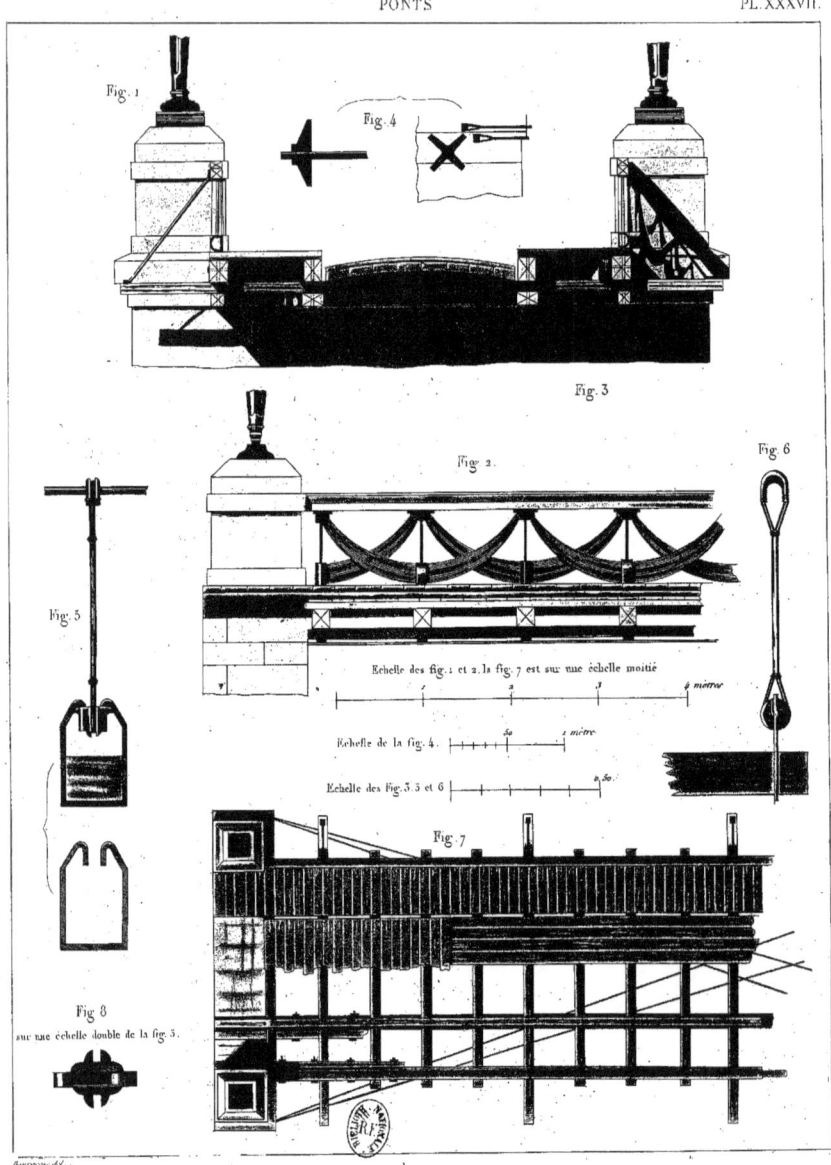

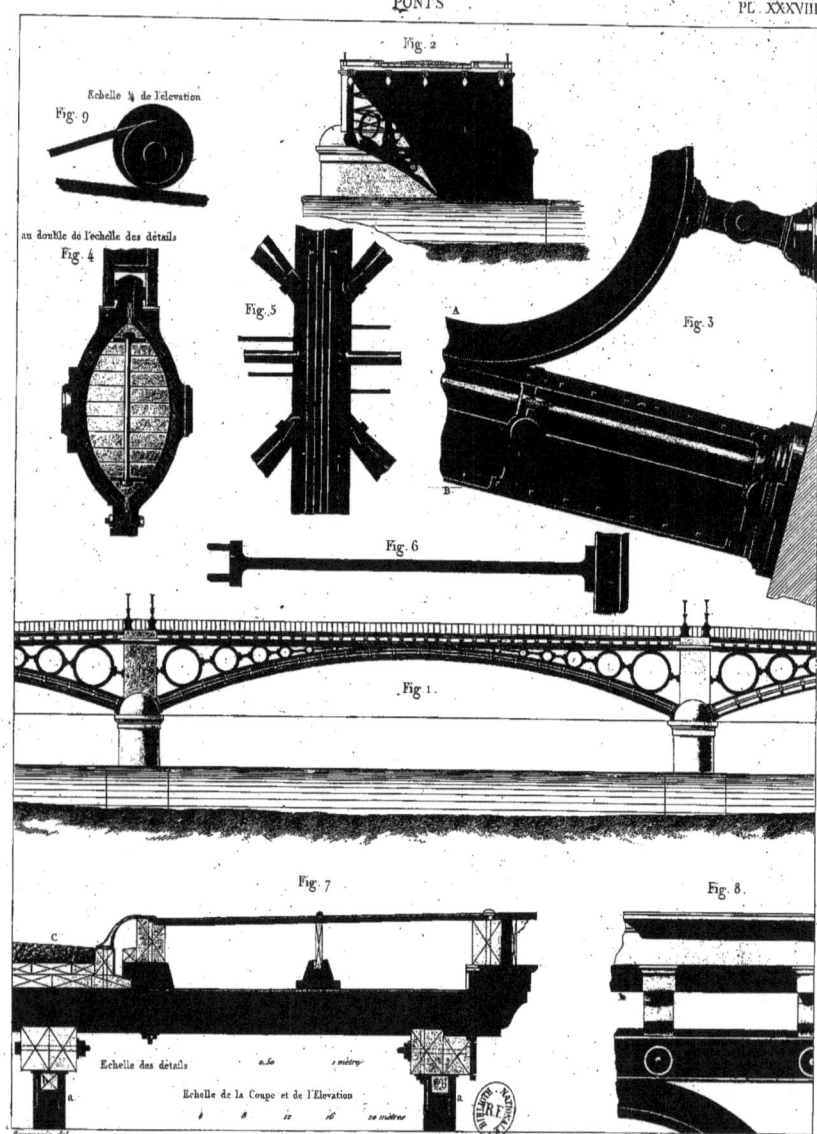

ON TROUVE CHEZ LES MÊMES ÉDITEURS :

VIGNOLE, ou Etudes d'Architecture, par Eudes, gravé par Hibon; 44 planches grand in-4° et texte.

TRAITÉ DE STÉRÉOTOMIE, ou Coupe des Pierres, par Bourgeois; 12 planches avec texte.

TRAITÉ DES OMBRES, par Bourgeois; 25 planches et texte.

NOUVEAU COURS COMPLET ET RAISONNÉ DE DESSIN LINÉAIRE, ouvrage contenant toutes les spécialités de cette science, par Alexis Noel, professeur; 38 planches grand in-4°.

ORNEMENTS DE GEBHARDT, Architecture, Meubles, Vases, Candélabres, etc.; 64 planches en 16 cahiers.

MODÈLES DE GRILLES, Rampes, Balustres, etc., 6 cahiers de 4 feuilles.

PRINCIPES D'ORNEMENTS, par Clouet; 14 cahiers contenant tout ce qui a rapport à la décoration intérieure.

PRINCIPES D'ORNEMENTS d'Architecture, par Soyer; 9 cahiers de 4 feuilles.

Paris. — Imprimerie d'A. René et Cie, rue de Seine, 32.

www.ingramcontent.com/pod-product-compliance
Lightning Source LLC
LaVergne TN
LVHW052108090426
835512LV00035B/1318